SILKE SCHOPMEYER

BERGEDORFBUCH

MIT DEN VIER- UND MARSCHLANDEN UND LOHBRÜGGE

JUNIUS

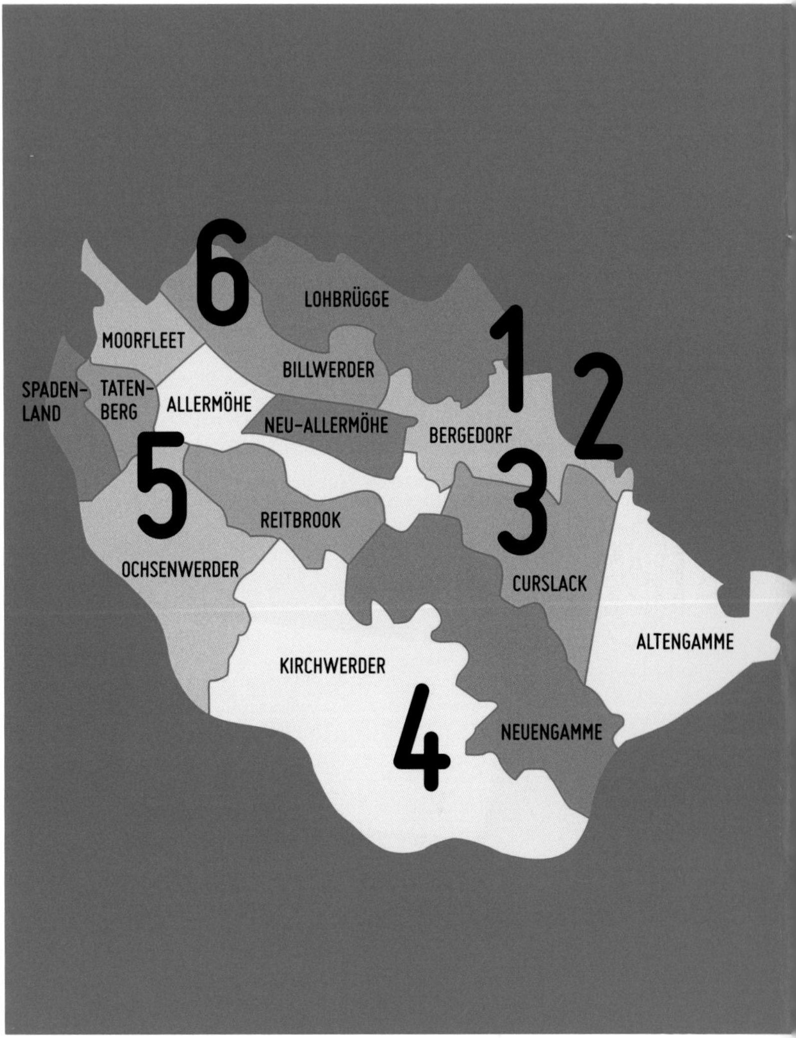
6
LOHBRÜGGE
MOORFLEET
1
BILLWERDER
2
SPADEN-
LAND
TATEN-
BERG
ALLERMÖHE
NEU-ALLERMÖHE
BERGEDORF
5
3
REITBROOK
OCHSENWERDER
CURSLACK
ALTENGAMME
KIRCHWERDER
4
NEUENGAMME

EINLEITUNG

Nach einem Werbeslogan ist Bergedorf der Ort, „wo in Hamburg die Sonne aufgeht". Aber ist Bergedorf überhaupt noch Hamburg? Wenn Alteingesessene „in die Stadt" gehen, dann bummeln sie durch ihr Sachsentor vom Bahnhof bis zum Mohnhof. Steigen sie in die S21, dann steht ein Besuch „in Hamburg" an. „Der typische Bergedorfer ist nach meinem Empfinden heimatverbunden, traditionsbewusst mit einem Hauch von liebenswerter Schrulligkeit und sehr stolz auf seine exklusive Eigenständigkeit gegenüber den *Hamburgern*!" So charakterisierte Helmut Schmidt einmal die Bewohner seines Wahlkreises. Auch wenn Hamburg und Bergedorf bereits seit 1842 per Eisenbahn verbunden waren, gehört der Gesamtbezirk Bergedorf mit Lohbrügge und den Vier- und Marschlanden erst seit der Eingemeindung durch das Groß-Hamburg-Gesetz von 1937 zu Hamburg. Ihre Eigenständigkeit haben sich die Bergedorfer dabei aber bis heute bewahrt, was nicht zuletzt mit der jeweils ganz unterschiedlichen Geschichte der vierzehn Stadtteile des Bezirks im Südosten der Hansestadt zusammenhängt.

Das frühe „Bergerdorp" gehörte bei seiner ersten Erwähnung im Jahr 1162 zum Bistum Ratzeburg. Die günstige Lage inmitten alter Heer- und Handelswege unweit des Sachsenwalds sowie an verschiedenen Wasserstraßen weckte Begehrlichkeiten bei verschiedenen Mächten. So sicherte sich der Holsteiner Graf Adolf III. schon früh das Gebiet um Bergedorf und die Elbmarschen. Kurz darauf ergriffen die Dänenkönige die Herrschaft, und Graf Albrecht II. von Orlamünde wurde zum Statthalter erklärt. Im Jahr 1208 ließ er die Bille stauen, um die Kornwassermühle betreiben zu können, und errichtete im Mühlenstau eine erste bescheidene Wasser-

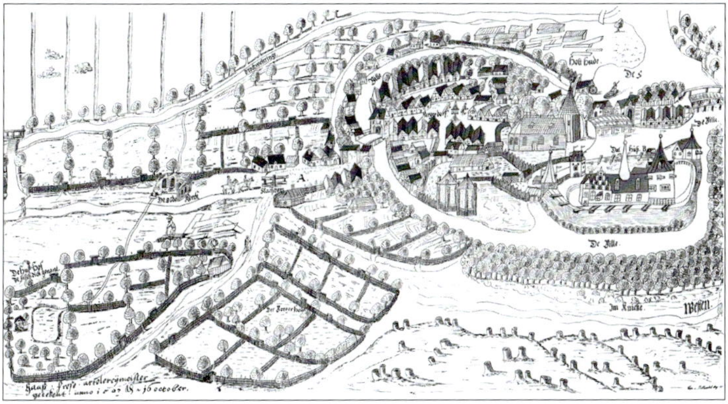

ERSTE KARTE VON BERGEDORF VON HANS FRESE, 1593

burg. Außerdem wurde unter seinem Regiment das Werk Heinrichs des Löwen fortgesetzt und die Besiedlung der Vier- und Marschlande durch Deichbau und Trockenlegung der Elbniederungen vorangetrieben. Nach der Dänenzeit, in der Bergedorf besonders prosperierte, fiel die Gemeinde 1227 wieder an den Herzog von Sachsen und erhielt 1275 als Teil des Herzogtums Sachsen-Lauenburg Stadtrechte und eine eigene Gerichtsbarkeit. Das heute einzige Schloss Hamburgs geht auf das Jahr 1350 zurück, als für den Herzog eine Wasserburg als Residenz erbaut wurde. Verschiedene Konflikte und die wachsende Bedeutung Bergedorfs veranlassten im Jahr 1420 die Hansestädter aus Hamburg und Lübeck, ein 4000 Mann starkes Söldnerheer nach Bergedorf zu schicken. Erst nach fünf Tagen ergab sich die nur vierzig Mann starke Schlossbesatzung. Auch die Riepenburg an der damaligen Zollstelle in den Vierlanden wurde erobert. Nun begann eine historisch einmalige Zeit: das Kondominium. Bergedorf mit den Vierlanden und Geesthacht wurde zum Diener zweier Herren und fiel für über 400 Jahre unter die nicht immer konfliktfreie Verwaltung von Hamburg und Lübeck. In dieser Zeit entwickelte sich das Städtchen zur Stadt, und dank der fruchtbaren Böden der Vier- und Marschlande zählten im

18. Jahrhundert vor allem die Vierländer Bauern, die im nahegelegenen Hamburg zahlreiche Abnehmer für ihre Erzeugnisse fanden, zu den wohlhabendsten Bauern Norddeutschlands. Bis heute ist dieser Erfolg an den prunkvollen Häusern, den Kirchen, dem reichen Intarsienhandwerk und der aufwendigen Vierländer Tracht zu erkennen.

Mit der Industrialisierung wuchs die Bevölkerung Bergedorfs stetig an. Mehrere Arbeiterquartiere, aber auch das bis heute sehr exklusive Villenviertel gaben Bergedorf ein neues Gesicht. Als Oberbaudirektor drückte Fritz Schumacher der Stadt durch mehrere Schulbauten und das Amtsgericht einen Hamburger Stempel auf. Die Verlegung der Sternwarte Anfang des 20. Jahrhunderts verschaffte Bergedorf weltweites Ansehen. Vom Krieg wurde Bergedorf kaum zerstört, aber von der modernen Stadtentwicklung wie dem Bau der wie eine Schneise wirkenden B5 nicht verschont. In den letzten Jahren konnten dank engagierter Bürgerinitiative einige historische Gebäude gerettet werden, bei anderen ist dies leider nicht gelungen. Ein Problem für die Entwicklung Bergedorfs liegt in dem aus Hamburger Sicht schier unerschöpflichen Flächenvorrat des Bezirks. Denn verschiedene Bauvorhaben werden von den Bewohnern als Bedrohung für die ursprüngliche Kulturlandschaft vor allem der einzigartigen Vier- und Marschlande angesehen. Zwischen den stetig wachsenden Deichen hat die einstige Gemüsekammer Hamburgs in den letzten Jahren immer mehr den Biolandbau für sich entdeckt und entwickelt sich zum beliebten Naherholungsziel. In den verschiedenen Naturschutzgebieten wie den Kirchwerder Wiesen, der Reit und der Boberger Niederung mit der einmaligen Dünenlandschaft fühlen sich Störche, Kröten und viele andere Tiere und Pflanzen heimisch.

Angesichts der Vielfältigkeit des Bezirks Bergedorf kann dieses Buch keinen Anspruch auf Vollständigkeit erheben, sondern will vielmehr eine Einladung sein, abseits der Touren noch weitere Kleinode zu entdecken. In sechs Rundgängen besuchen wir die 14 Stadtteile Bergedorfs. Die ersten drei Touren können wir noch gut zu Fuß bewältigen, während für die Erkundung der Vier- und Marschlande das Fahrrad und gute Kondition erforderlich sind. Im ersten Spaziergang lernen wir die Entwicklung Bergedorfs vom mittelalterlichen Schloss über den Hafen bis zur Gründerzeit kennen. Der zweite Spaziergang zeigt die Bedeutung des Handels rund um das Sachsentor. Besonders facettenreich gestaltet sich der dritte Rundgang vom Alten Bahnhof über die Sternwarte zum Villenviertel. Die vierte Tour führt vom Bahnhof Hamburg-Bergedorf Süd in die vier Dörfer der Vierlande. Im fünften Rundgang geht es von Bergedorfs erstem Industriegebiet auf dem Kamp über Nettelnburg in einen Teil der Marschlande. Die letzte Rundfahrt widmet sich zunächst Lohbrügge, führt von dort nach Billwerder, Moorfleet und endet in Tatenberg.

Am Anfang des Buches verschafft eine kurze Chronik einen ersten Überblick über die Geschichte des Bezirks. Spezielle Stadtteilthemen werden in Exkursen, die in die Touren eingestreut sind, vertieft. Jeder Spaziergang endet mit einer Auswahl an Cafés, Restaurants, Hotels sowie empfehlenswerten Geschäften, kulturellen, sportlichen und sozialen Angeboten.

CHRONIK

1150–1250	Eindeichung der Vier- und Marschlande durch niedersächsische und holsteinische Siedler
1163	Erste urkundliche Erwähnung Bergedorfs, verfasst von Erzbischof Hartwig
1206	Erste Erwähnung der Zollstätte Eßlingen (Zollenspieker)
1208	Stauung der Bille mittels eines Damms durch den dänischen Grafen Albrecht von Orlamünde
1225	Bau der Riepenburg an der Elbe zur Kontrolle der Handelswege
1227	Ende der dänischen Herrschaft nach der Schlacht bei Bornhöved. Graf Albrecht I. vom Herzogtum Sachsen-Lauenburg herrscht nun über Bergedorf und die Vierlande.
1257	Erste Erwähnung Lohbrügges
1275	Verleihung des Möllner Stadtrechts durch Herzog Johann I.
1360	Urkundlich belegter Bau einer Burg in Bergedorf
1370	Bergedorf fällt als Pfand an Lübeck.
1395	Hamburg kauft Billwärder und Ochsenwärder.
1401	Erich IV. zu Sachsen erobert das Schloss und erkennt die Verpfändung der Bergedorfer Herrschaft an Lübeck nicht mehr an.

1420	Hamburg und Lübeck greifen mit 4000 Mann Bergedorf und die Riepenburg an. Die nur vierzig Mann starke Schlossbesatzung wehrt sich fünf Tage lang.
1420	Der Friedensvertrag zu Perleberg regelt die beiderstädtische Verwaltung. Zum Amt Bergedorf zählten damals auch die Vierlande, Geesthacht und weite Teile des Sachsenwalds.
1443	Bau des Schleusengrabens
1518	Bergedorf hat 46 Häuser und ungefähr 300 Einwohner.
1535	Bau des Rieckhauses in Curslack
1570	Bergedorf hat 900 Einwohner.
1593	Der Artilleriemeister des Schlosses, Hans Frese, fertigt die erste Karte von Bergedorf an.
1620	Überfall der lüneburgischen Reiter auf die Vierländer und ihre Deiche
1621	Ein Feuer in der Altstadt vernichtet dreißig Häuser.
1634	Die Billwärder Land- und Deichordnung – die älteste Hamburgs – wird verfasst.
1700	2000 Einwohner
1768	Gottorfer Vergleich – Reitbrook, Nettelnburg, Krauel fallen an Hamburg.
1806–1813	Franzosenzeit – Plünderungen vor allem im Schloss, hohe Zwangsabgaben
1842	Eröffnung der Eisenbahnstrecke nach Hamburg und Entstehung des neuen Bahnhofsviertels
1847	Gründung des Bergedorfer Bürgervereins im Gasthof Stadt Hamburg
1848	Erste allgemeine Wahlen (mit 222 wahlberechtigten Bürgern)
1854	Erste Glashütte am Schleusengraben
1862	3000 Einwohner

1864	Wegfall der Zollgebühren in Sande
1864	Wilhelm Bergner verlegt sein Bergedorfer Eisenwerk nach Sande-Lohbrügge.
1867	Hamburg zahlt für das Amt Bergedorf 200 000 Taler an Lübeck.
1868	Bergedorf und Teile Billwärders treten in den Zollverein des Norddeutschen Bundes ein.
1873–1938	Hamburgische Landherrenschaft
1874	Bergedorf wird amtlich vom Städtchen zur Stadt.
1905	12 500 Einwohner
1912	Eröffnung der Sternwarte
1927	Eröffnung des umgebauten Rathauses an der Wentorfer Straße
1929	Zuschüttung des Blickgrabens
1929	Bau der Vierlandenstraße (Durchbruchstraße 1)
1937	Das Groß-Hamburg-Gesetz löscht die Hoheitsrechte der 663 Jahre alten Stadt Bergedorf – Vereinigung mit Lohbrügge.
1938	Einrichtung des Konzentrationslagers in Neuengamme
1939	33 042 Einwohner
1946	Gründung der Hauni-Werke
1949	Bergedorf und die Vier- und Marschlande werden zum 6. Hamburger Bezirk.
1958	Die Bergedorfer Straße (Durchbruchstraße 2) zwischen Mohnhof und Boberg ist freigegeben und zieht bis heute eine Schneise durch Bergedorfs Altstadt.
1961	Baubeginn für Lohbrügge-Nord
1962	Die große Sturmflut überschwemmt Billwerder, Moorfleet und Allermöhe.
1968	Erschließung von Bergedorf-West
1982	Baubeginn für Neuallermöhe

1991	100 000 Einwohner
2011	Einweihung des neuen Bahnhofsgebäudes
2019	129 111 Einwohner
2022	Einweihung des KörberHauses

VOM BAHNHOF ZUM EISKELLER 1

Bahnhof/Alte Post * Suhrhof * Hafen am Serrahn * Alte Holstenstraße * Reetwerder * Lohgerberei/Amtsgericht * Bergedorfer Schloss * Schlosspark/Kaiser-Wilhelm-Platz * Schillerufer /Billebad * Bergedorfer Mühle * Abstecher zum Eiskeller

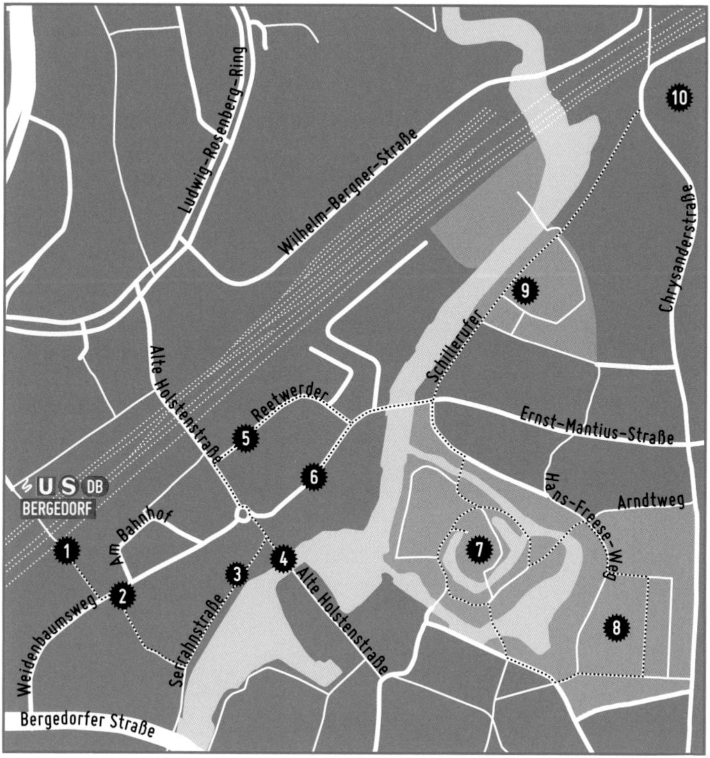

STARTPUNKT: Bergedorfer Bahnhof (S2/S21/Interregio/ZOB)
ENDPUNKT: Eiskeller (Haltestelle Hermann-Distel-Straße/Buslinie 135)
DAUER: etwa 2,5 Stunden

Unser erster Spaziergang durch das ehemalige Städtchen Bergedorf beginnt inmitten moderner Stadtteilarchitektur, die ihre historischen Bezüge heute kaum mehr zu erkennen gibt. Denn auch wenn das funktionale Bahnhofsgebäude von 2012 dies kaum vermuten lässt, ist Bergedorf bereits seit 1842 von Hamburg aus mit dem Zug zu erreichen. Etwas jüngeren Datums sind die Bergedorfer Briefmarken, die im Vorgängerbau der Alten Post gegenüber dem Bahnhof vertrieben wurden. Über einen Abstecher zum Suhrhof und in die Geschichte des eng mit ihm verbundenen Blutegelhandels bringt uns der Weg direkt zu einer frühen Keimzelle des wirtschaftlichen Aufschwungs Bergedorfs, zum Hafen und der Serrahnbrücke. Einer der ältesten Verkehrswege des Orts, die Alte Holstenstraße, führt uns sodann an Bauten aus der Gründerzeit wie der Bergedorfer Bank und dem beliebten Wohnviertel Reetwerder vorbei. Der umtriebige Hamburger Baudirektor Fritz Schumacher hat sich hier unter anderem mit dem Bergedorfer Amtsgericht auch im Südosten Hamburgs verewigt. Mit dem Besuch des einzigen Schlosses Hamburgs schließt sich der für diesen Rundgang obligatorische Ausflug ins Mittelalter an. Die wechselhafte Geschichte des immer wieder belagerten, zerstörten und in der Folge regelmäßig umgestalteten Gebäudes spiegelt die Geschicke Bergedorfs besonders anschaulich wider. Durch eine grüne Allee schlängelt sich der Weg schließlich am Bille-Bad vorbei direkt zur noch immer funktionstüchtigen Windmühle. In unmittelbarer Nachbarschaft befindet sich das erste von der Bergedorfer Baugenossenschaft erstellte Gebäude. Unser Rundgang endet mit einem Abstecher in kühler Umgebung bei den ehemaligen Eiskellern der Bergedorfer Actien-Bierbrauerei.

1 BAHNHOF / ALTE POST

Wer am Hamburger Hauptbahnhof in die S21 nach Bergedorf steigt, erreicht sein Ziel in komfortablen zwanzig Minuten. Nicht viel länger dauerte es schon bald nach der Einrichtung des ersten Eisenbahnabschnitts zwischen Hamburg und Bergedorf im Jahre 1842 (Abb. 1). Die kurze, aber bedeutsame Geschichte des ersten Bergedorfer Bahnhofs wird im dritten Rundgang erläutert. Die Dampfloks „Hansa" und „Berlin" benötigten damals für die 16,1 Kilometer lange Strecke nur 25 Minuten – jedoch ohne dass die Fahrgäste wie heute an weiteren sieben Haltestellen ein- und aussteigen konnten. Ab dem 15. Dezember 1846 fuhren von diesem Standort die Züge in Richtung Berlin und nach Hamburg zum Berliner Bahnhof, der sich auf dem Gelände der heutigen Deichtorhallen befand. Da der Streckenverlauf nach Berlin an dieser Stelle erhöht werden musste, wurde im Jahr 1938 ein neuer Durchgangsbahnhof eröffnet. Nach dem Zweiten Weltkrieg wurde die Strecke in Richtung Berlin nicht zuletzt wegen der deutschen Teilung deutlich weniger genutzt. 1958 wurden schließlich die beiden Fernbahngleise von Hamburg bis Bergedorf an das S-Bahnnetz angeschlossen – ab 1969 sogar bis Aumühle. Seit der Wiedervereinigung hat der Bahnverkehr wieder stark zugenommen, weshalb seit Längerem sowohl Fern- als auch S-Bahn-Gleise bedient werden, die mit einer Wechselstrom-Oberleitung bzw. einer Gleichstrom-Schiene auf unterschiedliche Weise elektrifiziert sind. Von den Ferngleisen fahren Züge nach Mecklenburg-Vorpommern und Berlin. Im Zuge einer weitreichenden Umgestaltungsmaßnahme wurde das Bahnhofsgebäude 2007 mitsamt den unterirdischen Bunkeranlagen abgerissen. Auch die Gedenktafel für die Gefallenen des Ersten Weltkriegs sowie die Wappentafel von 1937 wurden ausgebaut. Der Busbahnhof wurde auf der oberen Ebene in den Bahnhof integriert und 2011 in Betrieb genommen.

Nachdem wir die Bahngleise über die hinabführende Treppe verlassen haben, ist unschwer zu erkennen, dass sich der Bezirk Bergedorf aus ver-

1 BERGEDORFER BAHNHOF, 1846

schiedenen Stadtteilen zusammensetzt. Die Lohbrügger Seite wird der Ausgangspunkt der letzten Tour in diesem Buch sein. Dieser erste Spaziergang hingegen beginnt auf der Bergedorfer Seite des Bahnhofs, wir folgen den Hinweisschildern in Richtung City/Reisezentrum. Auf dem Weg unter den Gleisen fallen uns sogleich blau-weiße Wandfliesen mit maritimen und landschaftlichen Motiven ins Auge. Dank eines Umgestaltungskonzepts der Deutschen Bahn aus dem Jahr 2018 kündigt sich den Ankommenden bereits an dieser Stelle an, welche Schätze der Stadtteil bereithält. Bei einem Besuch des Curslacker Rieck-Hauses wird uns dieser – Delfter Fliesen nachempfundene – Wandschmuck im Original wiederbegegnen. Auch das Herrenzimmer im Bergedorfer Schloss wartet mit einer ähnlichen Wandgestaltung auf.

Wir treten aus dem modernen Bahnhofsgebäude auf den Vorplatz und blicken direkt rechts gegenüber auf den Erweiterungsbau des 1973 errichteten CCB-Einkaufszentrums (City-Center Bergedorf). Das Ensemble ist das Ergebnis einer zwischen 2008 und 2012 erfolgten Neugestaltung, die den wirtschaftlichen Abwärtstrend des City-Centers umkehren sollte und Jahre

2 ALTE POST, UM 1900

zuvor äußerst kontrovers diskutiert wurde. Bereits 2000 hatten die Bergedorfer – im ersten in Hamburg durchgeführten Bürgerentscheid – die Pläne eines Investors und der diese befürwortenden Bezirksversammlung mehrheitlich abgelehnt. Der verwirklichte Kompromiss stößt bis heute vor allem aus ästhetischer Sicht auf Kritik. Bergedorfs Radfahrer freuen sich dagegen über die mit dem neuen Bahnhof eingerichtete Radstation, die nicht nur sichere Parkplätze für über 500 Fahrräder bereithält, sondern auch eine Werkstatt und Verleihstation, sogar für kostenlose Lastenräder, anbietet.

Das nüchterne Gebäude links gegenüber dem Bahnhof befindet sich seit 1976 am Standort des ehemaligen kaiserlichen Postamts von 1892 (Abb. 2) und wird nach dem Vorgängerbau noch immer „Alte Post“ genannt. In der Zeit von 1420 bis 1867 wurde Bergedorf von den beiden Städten Hamburg und Lübeck gemeinsam verwaltet. In den letzten Jahren dieser Periode, von 1861 bis 1867, wurden sogar eigene Briefmarken mit dem beiderstädtischen Wappen aufgelegt (Abb. 3). Nachdem der Norddeutsche Postbezirk Ende des Jahres 1867 eigene Postwertzeichen eingeführt hatte, waren von

3 BRIEFMARKEN MIT BEIDERSTÄDTISCHEM WAPPEN, 1894

den ursprünglich 450 000 gelieferten Bergedorfer Marken noch 300 000 mit Werten von 1/2 bis 4 Schillingen übrig. Noch heute werden die farbigen Quadrate als Raritäten unter Philatelisten hoch gehandelt.

Wir überqueren den Weidenbaumsweg in Richtung des weitläufigen Platzes vor dem Einkaufszentrum. Zwischen den linksseitigen Häusern Weidenbaumsweg 17 und 19 führt ein Durchgang zu einem Innenhof.

2 SUHRHOF

Ein Teil der ärmeren Landbevölkerung, der nicht zu den Großgrundbesitzern der Vierlande gehörte, widmete sich ab ungefähr 1818 dem erwerbsmäßigen Handel mit Blutegeln und reiste für die Beschaffung sogar bis in die heutige Ukraine (Abb. 4). Von einst 259 Hamburger Händlern stammten 168 aus den Vierlanden. Die Tiere, niederdeutsch auch Igel genannt, wurden damals vor allem in der Therapie von Venenentzündungen, Krampfadern und Bluthochdruck verwendet und sollten die Blutgerinnung hemmen sowie Gefäßkrämpfe lösen. Ihre Abnehmer fanden die Vierländer unter Apothekern, zunächst in Hamburg, aber bald schon in der ganzen Welt. Sogar auf manchen Böden in der Speicherstadt wurden die Blutsauger gelagert. Johann Heinrich Suhr begann seinen Handel mit den Egeln im Jahre 1820 und wurde damit schnell zu einem wohlhabenden Mann. Auf dem „Bergedorfer Sande“, wie das Gebiet rund um den Bahnhof früher genannt wurde, konnte Suhr so beträchtlichen Grundbesitz und eine Krugwirtschaft erwerben. 1862 verfügte er über 45 000 Quadratmeter Land und war damit einer der größten Landbesitzer Bergedorfs. Im Zuge der Industrialisierung veräußerte die Familie das wertvolle Land dann an Fabrikbesitzer und Bauunternehmer. Dazu gehörte auch ein Abschnitt zwischen den Eisenbahndämmen (heute: Achterdwars), wo

4 BLUTEGELHANDEL SUHR

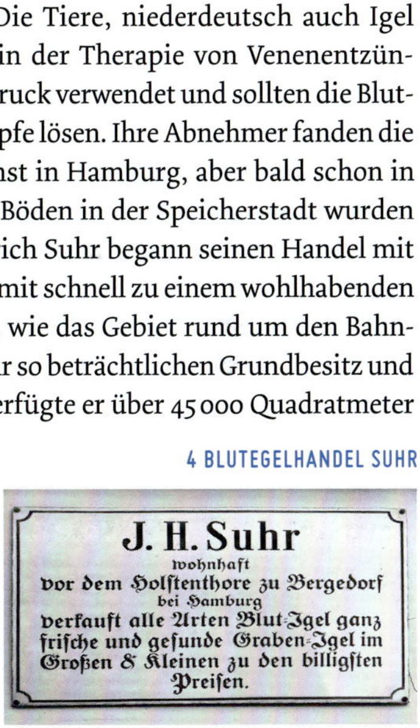

5 SUHRHOF, 1850

in künstlich angelegten Teichen die vorwiegend aus Osteuropa stammenden Blutegel gehalten wurden – 1847 waren es 40 000. Auf diesem Hof betrieb der Sohn des Grundbesitzers, Adolph Suhr, einen Holzhandel und ein Fuhrwesen (Abb. 5). Pferdestall und Wagenschauer sind heute nicht mehr vorhanden. Nach wie vor aber steht hier das ehemalige Wohnhaus zur Straßenseite. In die rückseitig gelegene Scheune und den Viehstall sind mittlerweile Gaststätten eingezogen. Die alte Wagenremise beherbergt den „Suhrhof Pub“, wo regelmäßig Musiker – bevorzugt der Sparte Jazz – vor einer eingeschworenen Fangemeinde auftreten. Auch in der „Klangbar“ im ersten Stockwerk wird abwechslungsreiche Livemusik geboten. Zwischen der britischen Telefonzelle und dem Briefkasten hindurch verlassen wir den Innenhof über den linken Durchgang und biegen danach links ab in Richtung Wasser.

3 HAFEN AM SERRAHN

Über die letzten Jahrhunderte hat das Gewässer, auf das wir nun stoßen, entscheidend zum wirtschaftlichen Aufschwung des ehemaligen Ackerbürgerstädtchens Bergedorf beigetragen (Abb. 6). Bereits im Jahre 1443 wurden die Bergedorfer Bauern von den Amtsverwaltern aus Hamburg und Lübeck zum Ausheben eines 2,6 Kilometer langen Schleusengrabens vom Serrahn zur Dove-Elbe verpflichtet – einer der ersten Kanäle Europas. Nach Fertigstellung konnten die Bauern ihr Getreide problemlos zur Bergedorfer Mühle bringen und ihre Erzeugnisse nach Hamburg schiffen. In der Folge erlebte die Holzwirtschaft einen bedeutenden Aufschwung, weil der wichtige Rohstoff über den Wasserweg und unter Umgehung von Zollgrenzen direkt aus dem Sachsenwald nach Hamburg transportiert werden konnte. Holzhändler zählten bald zu den wohlhabendsten Bürgern Bergedorfs. Der Hauptverladeplatz befand sich am Schiffwasser beim späteren Lichtwarkhaus – heute KörberHaus – dem eigentlichen Bergedorfer Hafen. Erst zu Zeiten der Industrialisierung gewann der Standort am Serrahn an Bedeutung, da mit seiner Nutzung die Wagentransporte durch die Stadt mit ihren engen Straßen über den Wasserweg umgangen werden konnten. Der Unterhalt der Hafenanlagen war stets mit hohen Kosten verbunden und gab immer wieder Anlass für Auseinandersetzungen zwischen Gewerbe und den Stadtoberen. 1900 ließ die Stadt eine 200 Meter lange Kaimauer auf der Westseite des Serrahnbeckens bauen und eine großzügige Transportstraße anlegen, die direkt zum Bahnhof führte. Ein Jahr später wurde von Nagel & Kamp, einer Eisenwarenfabrik, auf deren Gelände sich heute der Kulturveranstaltungsort Kampnagel befindet, ein elektrisch betriebener Fünf-Tonnen-Kran gebaut, der inzwischen unter

6 SERRAHN, 1894

Denkmalschutz steht (Abb. 7). Der Betrieb wurde von einem privaten Pächter gewährleistet. Trotz erheblicher Investitionen und intensiver Nutzung durch die Bergedorfer Industriebetriebe arbeitete der Hafen allerdings aus verschiedenen Gründen immer defizitär: Er war zu flach, zu schmal, auch Verschlammung spielte eine Rolle. Im Zweiten Weltkrieg diente der Standort als „kriegswichtiger“ Umschlagplatz. In den 1950er Jahren verlagerte sich der Güterverkehr dann immer mehr vom Wasser auf die Straße. Das endgültige Aus für eine wirtschaftliche Nutzung des Hafens bedeutete der Bau der Bergedorfer Straße durch Bergedorf in den Jahren 1953 bis 1958. Die Schleusengrabenbrücke – rechts hinter der 1973 erbauten und 2010 erneuerten Fußgängerbrücke des CCB – war für die Durchfahrt größerer Kähne zudem zu niedrig. Nach dem Ende der Nutzung fristete der ehemalige Hafen ein Hinterhofdasein. Seit 2004 findet auf Initiative von Politik und Privatunternehmern alle zwei Jahre ein Fest rund um das historische Gewässer statt – das heutige Altstadtfest. Mehrere gastronomische Betriebe haben sich gegenüber der Kaimauer angesiedelt. Den Anfang machte das erste Haus an der Ecke, das von 1908 bis 1950 eine klassische Hafenarbeiterkneipe war. Wenige Schritte weiter dominierte als Nachfolger der Maschinenfabrik Stamp über viele Jahrzehnte die wenig ansehnliche Rückfront einer Woolworth-Filiale die Architektur zur Wasserseite. 2017 erfolgte der Abriss. Nach langwierigen Bauarbeiten entsteht 2021 ein Neubau mit Hotel und Einzelhandel. Im Lichthof zum Hafen befindet sich nun eine Außengastronomie und komplettiert das bestehende Ange-

7 KRAN AM SERRAHN, 1947

8 HISTORISCHER NACHBAU EINES GEMÜSE-EWERS

bot. Direkt nebenan liegt das heutige „Kulturhaus SerrahnEins e.V." – 1891 erbaut als erste Kaffeeklappe Bergedorfs. Im Gegensatz zu den Betrieben im Hamburger Hafen war diese aber nicht sehr stark frequentiert, da es zu viel Konkurrenz im Zollinland gab, die zudem noch Schnaps ausschenkte. Außerdem hatten es die Arbeiter von hier nicht weit zum häuslichen Mittagstisch. Von 1936 bis 1996 hatte der Betrieb Gummi-Wegner hier seinen Geschäftssitz. Nach einer aufwendigen Umgestaltung finden in diesem Gebäude heute regelmäßig kulturelle Veranstaltungen statt. Mehrere soziale Träger und Vereine unterhalten hier ihre Büros.

Wir wenden uns nun wieder der Wasserseite zu. Auch wenn der Frachtverkehr seit Jahrzehnten zum Erliegen gekommen ist, zeugen die verschiedenen Anleger doch von regem Schiffsbetrieb, der vor allem aus dem Ausflugsverkehr der Bergedorfer Schifffahrtslinie und der Alstertouristik besteht. Seit 2013 gibt es dank des Fördervereins Vierländer Ewer e.V. eine interessante Variante der touristischen Schifffahrt: Im historischen Nachbau eines Gemüse-Ewers, „Uns Ewer" genannt, werden verschiedene Törns angeboten (Abb. 8). Dieser ursprünglich friesische Bootstyp

9 HÖLZERNER BOJENMANN

erwies sich schon im 14. Jahrhundert dank seines flachen Bodens und des großzügigen Laderaums als ideal für die hiesigen Gewässer. Die Bauern aus den Landgebieten schifften damit ihre Erzeugnisse bei Ebbe nach Hamburg, und mit der Flut ging es wieder zurück. In unmittelbarer Nachbarschaft zum Liegeplatz des Ewers verharrt seit 1993 einer der vier hölzernen Bojenmänner, die der Künstler Stephan Balkenhol im Hamburger Stadtgebiet platziert hat (Abb. 9). Die übrigen drei Figuren finden sich auf der Außenalster, auf der Elbe bei Övelgönne und auf der Harburger Süderelbe. Und von der Wassertreppe 4 aus kann direkt am Wehr ein weiteres Bauwerk in Rostfarben betrachtet werden. Da eine EU-Verordnung verlangte, dass stromaufwärts schwimmenden Fischen neben unüberwindbaren Wehren eine „Steigehilfe" angeboten werden muss, wurde 2013 am Serrahnwehr eine Fischtreppe angelegt (Abb. 10). Leider hat sich die Umleitung unter den Fischen bis heute nicht stark herumgesprochen. Wir biegen nun rechts in die Alte Holstenstraße ein und bleiben auf der Serrahnbrücke stehen.

4 ALTE HOLSTENSTRASSE

Das Stauwehr, auf dem wir uns nun befinden, entstand 1208 auf Geheiß des dänischen Grafen Albrecht von Orlamünde. Es sollte die Richtung Altstadt gelegene Kornwassermühle speisen. Bis heute kann hier der Wasserstand im Mühlenstau reguliert werden. Das Wort Serrahn bedeutet sowohl Überlauf als auch Aalfang, und so verfügte der Müller der Mühle – neben seiner Mahltätigkeit – auch über die Aalfang-Gerechtigkeit. Die Alte Holstenstraße – der frühere Bildedamm – gilt als erster befestigter Straßenzug zwischen Wehr und Kirche. Seit 1992 ist dieser Straßenabschnitt Fußgängerzone. Eines der beiden Stadttore – das Holstentor – befand sich zunächst bei der Mühle und wurde 1601/02 an diese Stelle versetzt. Wenn wir uns auf die andere Wasserseite begeben, erinnern Findlinge rechts des Wehrs an den Standort des Tores, das 1816 abgebrochen wurde. Über diesen Straßenzug rollte mehrere Jahrhunderte nicht nur der innerstädtische, sondern auch der Verkehr zwischen Hamburg und Berlin. Die dichte beidseitige Bebauung in Richtung Kirche wurde zum Ende des 19. Jahrhunderts allerdings zum Problem. Begegneten sich zwei Wagen in der sogenannten „Holstentorenge“, musste einer von beiden wieder herausfahren (Abb. 11). Häufig kam es dabei zu Unfällen. Deshalb wurde 1890 die Verbreiterung der Holstenstraße zwischen Mühlen- und Serrahnbrücke auf 15 Meter beschlossen. Dafür mussten zehn

10 FISCHTREPPE AM SERRAHNWEHR

11 HOLSTENTORENGE, 1892

12 BERGEDORFER BANK, UM 1905

Häuser auf der Nordseite, vor allem Handwerksbetriebe und Bauten kleiner Händler, abgerissen werden. 1893 waren die Arbeiten beendet, und eine Flaniermeile mit Grünanlagen zum früheren Mühlenstau, dem Schlossteich, entstand.

Wir lassen nun den Teich rechts liegen und nähern uns dem aufwendig gestalteten Eckgebäude mit der Nummer 69 (Abb. 12). 1884 wurde die „Spar- und Leihkasse zu Bergedorf" gegründet und 1900 in „Bergedorfer Bank" umbenannt. Der Prachtbau, der sie beherbergte, stammt aus dem Jahr 1904 und zählt zum Baustil der Hannoverschen Schule. In seiner Formensprache erinnert er an Gebäude aus der Speicherstadt und bildet ein Pendant zur gründerzeitlichen Neugestaltung des schräg gegenüberliegenden Schlosses. Insgesamt 56 in Form und Farbe verschiedene Steinsorten stecken in seinem Mauerwerk und seinen Schmuckelementen. An der Ecke zum Wehr wurde ein historisches Bild des von 1448 bis 1816 bestehenden Holstentors in den Bogen eingefasst. Das Geldinstitut wurde 1921 von der Westholsteinischen Bank übernommen und ging nach verschiedenen Fusionen in der Hypovereinsbank auf, die ihren Sitz nach wie vor in diesem Gebäude hat. Wir spazieren nun geradeaus bis zum Reetwerder.

5 REETWERDER

Das imposante Eckhaus Nummer 59 stammt aus dem Jahr 2018 – gelungene moderne Architektur inmitten einer Nachbarschaft aus der Jahrhundertwende. Gegenüber, an der Alten Holstenstraße 54, steht das ehemalige Bahnhofshotel von 1888. Bis 1934 eine Brücke gebaut wurde, gab es hier einen beschrankten Bahnübergang (Abb. 13). Ab 1890 konnten Fußgänger immerhin einen Tunnel nutzen, der aber regelmäßig als Abort missbraucht wurde. Die Bahnbrücke zementierte über lange Zeit die Grenze zwischen Bergedorf und Sande (heute Lohbrügge). Ende des 19. Jahrhunderts entstand auf der gegenüberliegenden Seite der Bille das Villenviertel. Um seine bessere Erreichbarkeit vom Bahnhof aus zu gewährleisten, ließen Bergedorfer Besitzbürger das Gebiet für die Anlage der Bahnstraße und der Ernst-Mantius-Straße entwässern. Die Bahnstraße wurde später in Reetwerder – also eine Insel in der Bille, auf der Reet bzw. Schilfrohr wächst – umbenannt. Die Straßenzüge mit den Gründerzeitfassaden im Jugendstil bzw. im Stil des Historismus von 1901/1905 sind noch fast vollständig erhalten. Die ersten beiden 1911/12 im Reformstil erbauten Häuser mit den Nummern 2 und 5 überragen die dahinterstehen-

13 BAHNÜBERGANG AN DER ALTEN HOLSTENSTRASSE, UM 1905

14 REETWERDER

15 UNVERPACKTLADEN „ONKEL EMMA“

den Gebäude um jeweils ein Stockwerk (Abb. 14). In ihren Erdgeschossen haben sich heute zahlreiche individuelle Läden eingerichtet: asiatische Lebensmittel, Strickwaren mit Café, die klassische Eckkneipe, Bergedorfs erster Unverpacktladen „Onkel Emma“ (Abb. 15), Beauty-Salons, das beliebte Mütterzentrum. Seit 1991 informiert das Bergedorfer Kultur- und Geschichtskontor in der Toreinfahrt von Haus Nummer 17 über die facettenreiche Geschichte des Stadtbezirks. Am Ende des L-förmigen Reetwerders überqueren wir die Ernst-Mantius-Straße und halten uns rechts.

6 LOHGERBEREI/AMTSGERICHT

Bevor wir uns dem Gerichtsgebäude an der Ernst-Mantius-Straße 8 zuwenden, lohnt ein kleiner Exkurs in die Geschichte der hier ehemals ansässigen Lohgerberei (Abb. 16). Das Gerben bezeichnet den Prozess der Lederherstellung aus Fellen und Häuten. Aus dem so entstandenen Leder wurden vor allem Schuhe, Taschen, Sattel, Zaumzeug und Buchdeckel gefertigt. 1575 siedelten sich die ersten Lohgerber in Bergedorf an. Wegen des Gestanks der verwesenden Tierhäute befanden sich ihre Betriebe meist außerhalb der Stadtmauern. An diesem jenseits des Holstentors gelegenen Standort betrieb etwa der Ratmann Nicolaus Heinrich Biehl ab 1822/23 eine Lohmühle mit angeschlossener Gerberei. Drei Standortbedingungen machten Bergedorf für den Betrieb besonders geeignet: So gab es genügend Holz für die Lohe, die aus zu Pulver gemahlener Rinde von Eichen (Fichten, Weiden, Birken) bestand, sowie frisches, fließendes Wasser für die Reinigung der Tierhäute und für die Abwasserentsorgung. Außerdem lieferte die Viehwirtschaft des bäuerlich geprägten Städtchens kontinuierlich Felle und Häute. Bis ins 19. Jahrhundert blieb die Lohgerberei in Bergedorf ein bedeutender Wirtschaftszweig. Als die Lederherstellung dann gegen Ende des Jahrhunderts nicht mehr genügend Gewinn abwarf, stellte die letzte große Bergedorfer Lohgerberei Biehl ihren Betrieb 1888 ein.

Über viele Jahre wurde in Bergedorf auf dem Schloss Gericht gehalten. Die Zunahme der Geschäfte und Betriebe im Ort sorgte allerdings schon

16 LOHGERBEREI BIEHL, 1890

17 AMTSGERICHT – GROSSER SITZUNGSSAAL

1893 für Planungen zum Bau eines eigenen Gerichts (Abb. 17). Verschiedene Umstände wie eine kontroverse Standortsuche, der Kriegsausbruch und knappe öffentliche Kassen führten dazu, dass sich die Planungen schließlich bis ins Jahr 1926 hinzogen. Obwohl Bergedorf seit 1924 ein eigenes Bauamt hatte, dem der Stadtbaumeister Wilhelm Krüger vorstand, wurde der Bau in Hamburg von Oberbaudirektor Fritz Schumacher geplant und auch von dort aus durchgeführt – eine Hamburger Machtdemonstration in der ehemaligen Landherrenschaft Bergedorf. 1927 war nach eineinhalb Jahren Bauzeit ein dreiflügeliges Backsteingebäude mit drei Stockwerken entstanden. Das Bauwerk wird im zum Wasser ausgerichteten Hof zwingerartig durch einen vierten Flügel, das flachere Gefängnis, abgeschlossen. Die in Oldenburger Klinker ausgeführte Fassade weist eine strenge Gliederung auf und wird aufgelockert durch Klinkerkeramiken des bekannten Bildhauers und „Architekturplastikers“ Richard Kuöhl. Im Erdgeschoss empfängt die Besucher eine offene Loggia. Von der Halle führen auf beiden Seiten Treppen zu den oberen Geschäftsräumen und Gerichtssälen. Seit Juni 2019 gibt es eine Einlasskontrolle für alle Besucher, um unerwünschte Vorfälle im Gerichtssaal zu vermeiden. Die Gebäudedurchfahrt führt zur alten Gefängnisanlage, wo sich seit 1969 die erste Sozialtherapeutische Anstalt Deutschlands als „Sonderanstalt" für Gefangene und Sexualstraftäter befindet – mit etwa vierzig Haftplätzen. Das Bergedorfer Amtsgericht ist heute eines von Hamburgs acht Amtsgerichten und beherbergt zudem das Landwirtschaftsgericht für die Hamburger Bezirke – ausgenommen Harburg.

Wir lassen das Gericht nun rechts liegen und flanieren wieder zurück am letzten Wohngebäude des Straßenzugs vorbei. Im Erdgeschoss des Hauses Nummer 12 befand sich einst das Schloss-Café. Nachdem wir die 1899 erbaute Ernst-Mantius-Brücke überquert haben, führt uns der Weg rechts zum geschichtsträchtigsten Gebäude der Bergedorfer Innenstadt. Sobald die weiße Hochzeitsbrücke von 1989 hinter uns liegt, sind es zum Schloss nur noch wenige Meter.

7 BERGEDORFER SCHLOSS

Wir stehen nun vor dem einzigen erhaltenen Schloss auf Hamburger Stadtgebiet (Abb. 18). Trotz mangelnder Beurkundung wurde zunächst angenommen, dass die erste Bergedorfer Burg auf das Jahr 1208 zurückgeht, als der dänische Graf Albrecht von Orlamünde den Mühlenstau anlegen ließ. In der neueren Forschung wird indes vom Jahr 1360 ausgegangen, als dem Herzog Albrecht IV. von Sachsen-Lauenburg aus der Verpfändung seiner Herrschaft die finanziellen Mittel für den Bau eines Wasserschlosses zur Verfügung standen. Im darauffolgenden Jahrhundert wuchs die strategische Bedeutung des kleinen Bergedorf, das inmitten der Fernhandelswege rund um die Elbe lag. Den Hansestädten Hamburg und Lübeck waren zudem die hohen Zölle an die Sachsen-Lauenburger Herzöge ein Dorn im Auge. Außerdem interessierten sie sich für das riesige Holzreservoir des umliegenden Sachsenwalds. Im Juli 1420 entsandten die beiden Städte ein 4000 Mann starkes Söldnerheer zur Einnahme des Schlosses, das die vierzig Mann starke Schlossbesatzung erst nach vier Tagen besie-

18 BERGEDORFER SCHLOSS

gen konnte. Mit dem Perleberger Vergleich vom 23. August 1420 endete die Zeit als Adelssitz, und das Schloss diente fortan fast 450 Jahre lang als Verwaltungsstätte eines beiderstädtischen Amtsverwalters, der alle sechs Jahre wechseln sollte. Allerdings hatte die gemeinsame Administration des Kondominiums nicht nur Vorteile und erwies sich als recht schwerfällig.

Der links gelegene Gebäudeteil, also Eingangsportal, Turm und Nordflügel, ist einer der jüngeren Teile des Schlosses und wurde zwischen 1897 und 1899 von Andreas Meyer im Stil der wilhelminischen Neugotik neu erbaut, wobei die vielen verbauten Formsteine eigens für das Schloss entworfen wurden (Abb. 19). Da der Architekt auch maßgeblich an der Gestaltung der Hamburger Speicherstadt beteiligt war, sind hier deutliche Parallelen zur Speicherstadtarchitektur zu erkennen. Teilweise auf den Kellergewölben des spätmittelalterlichen Vorgängerbaus wurde bereits 1588/90 im Süd-

19 BAU DES NORDFLÜGELS DES BERGEDORFER SCHLOSSES, 1898

osten ein neuer Renaissanceflügel, auch „Langes Haus“ genannt, erbaut. Dieser Teil ist bis auf den seit 1939 fehlenden Dachreiter – die Nationalsozialisten wollten das Schloss wieder in eine altsächsische Burganlage umbauen und bewerteten den „Zierratkram“ als unhistorisch – auf dem hohen Satteldach erhalten geblieben. 1593 wurde im Nordosten der Anlage ein Wirtschaftstrakt mit Waffenkammer errichtet, das darunterliegende Burgverlies wurde als Gefängnis weitergenutzt. Aufgrund starker Baufälligkeit musste dieser Teil 1898/99 zusammen mit Teilen des Südwest- und des Südostflügels erneuert werden. 1610 folgte der Neubau des Nordwestflügels. Die Inschrift auf dem heute noch vorhandenen Südwestflügel in Fachwerkbauweise weist auf das Entstehungsjahr 1661 hin. Vor dem Bau dieses Flügels stand hier nur eine Mauer mit dem „blauen“ Wehrgang. Mit Abschluss der Bauarbeiten wurde das Schloss endgültig zur Vierflügelanlage. In der Zeit der französischen Besatzung von 1806 bis 1813 diente das Schloss als Kaserne und bis 1814 den russischen Besatzern als Lazarett. Das Gebäude erlitt dabei starke Schäden. 1816 stürzte der 300 Jahre alte Geschützturm ein – mit den Trümmern wurde der Schlossgraben verfüllt. Auf diese Weise entstand eine feste Zufahrt zum Schlosshof. Bereits ab 1805 hatte die Entfestigung der Schlossanlage begonnen. Der westliche Wall wurde abgetragen, mit dem Abbruchmaterial wurde der äußere Graben aufgefüllt, und es wurde eine Schlosswiese angelegt. Dem von 1815 bis 1851 eingesetzten Amtsverwalter Bernhard Wilhelm Lindenberg ist es zu verdanken, dass das stark baufällige Schloss nicht abgerissen wurde. Der leidenschaftliche Botaniker wohnte hier mit seiner Familie und ließ während seiner Amtszeit mehrere Gewächshäuser an den Schlossmauern aufstellen (Abb. 20). Nachdem Hamburg den Lübeckern Bergedorf im Jahre 1867 für 200 000 preußische Taler abgekauft hatte, begann die Zeit der Landherrenschaft. Fortan regierte ein Hamburger Senator vom Schloss aus über die 3000 Bergedorfer, wofür ihm ab 1901 das Landherrenzimmer zur Verfügung stand (Abb. 21). Teile

20 SCHLOSSANLAGEN MIT GEWÄCHSHÄUSERN, UM 1850

der Bergedorfer Stadtverwaltung befanden sich bis 1927 im ein Jahr zuvor unter Denkmalschutz gestellten Schloss. Auch Polizei, Gericht, die technische Nothilfe, ein Luftschutz-Übungszentrum und die katholische Gemeinde waren hier zeitweilig untergekommen, und 1955 richtete sich das Museum für Bergedorf und die Vierlande an diesem geschichtsträchtigen Ort ein. Bei einem Rundgang durch die Dauerausstellung im ersten Stock kann das Herrenzimmer besichtigt werden, das wie eine Vierländer Bauernstube (Döns) eingerichtet ist. Die vollständig erhaltene Einrichtung besteht unter anderem aus einem Wandbett (Alkoven), einem Kachelofen, Wandpaneelen mit typischen Intarsien und Delfter Wandfliesen. Auch das Gerichtszimmer aus der Jahrhundertwende, ein Modell Bergedorfs aus dem 16. Jahrhundert, die Vierländer Döns einer Neuengammer Großkate, Vierländer Trachten und Schmuck sowie das Soltauzimmer werden gezeigt. Regelmäßige Sonderausstellungen ergänzen das Programm. Außerdem lohnt ein Besuch des mit Möbeln des ehemaligen Café Möller aus der Alten Holstenstraße 76 eingerichteten Schloss-Cafés. Bei frühzeitiger Anmeldung besteht die Möglichkeit, sich im Schloss standesamtlich trauen zu lassen.

21 LANDHERRENZIMMER, 1904

8 SCHLOSSPARK/KAISER-WILHELM-PLATZ

Die umliegenden Flächen des Schlosses wurden zwischen 1841 und 1851 zu einer Park- und Gartenanlage umgestaltet, aber erst 1896 endgültig der Öffentlichkeit übergeben. Die gegenüber dem Schlossportal aufgestellte

 Skulptur einer Löwin des Bergedorfer Bildhauers Lindemann nach Entwürfen von Robert Schneller ist eine Spende des Unternehmers Kurt A. Körber, der den von ihm initiierten und international bedeutsamen Bergedorfer Gesprächskreis zu übergreifenden kulturellen und politischen Fragen regelmäßig im Schloss veranstaltete (Abb. 22). Die Wiese wird über das ganze Jahr für verschiedene Veranstaltungen wie den Kindertag, das Bergedorfer Stadtfest und natürlich den beliebten Weihnachtsmarkt genutzt (Abb. 23).

Das Schlossportal im Rücken, wenden wir uns nach rechts und gehen in Richtung der beiden Parkbänke. Rechter Hand liegt nun der Burggraben, der im Sommer mit dichter grüner Entengrütze bedeckt ist, links fließt ein Arm der Bille. Zunächst will eine kleine Holzbrücke überquert werden. Wer mag, kann von dem auf der rechten Seite gelegenen Schneckenberg, der ehemaligen Bastion, einen Blick auf den Park werfen. Unser Weg führt über die Brücke mit blauem Metallgeländer und anschließend nach rechts. Die Mitte der 1950er Jahre errichtete Rollschuhbahn lassen wir dann links liegen. Kurz darauf führt links ein Weg am Spielplatz vorbei zum Parkcafé Chrysander. Nach nur zwei Steinstufen befinden wir uns an einem Ort gelebter französischer Freizeitkultur: Auf den großzügigen Sandflächen rund um das an ein Hünengrab erinnernde Bismarck-Denkmal (Abb. 24) auf der linken Seite wird zu allen Tageszeiten Boule gespielt. Das Denkmal ließen „dankbare Bürger Bergedorfs" von dem Künstler Carl Garbers aus Stolz über den berühmten Nachbarn erschaffen, wobei die Zahl drei aus Bismarcks die Kraft der christlichen Dreieinheit beschwörenden Wappenspruch „In trinitate robur" bei der

22 BERGEDORFER GESPRÄCHSKREIS, 1968

23 WEIHNACHTSMARKT VOR DEM SCHLOSS

24 BISMARCK-DENKMAL

Gestaltung eine Hauptrolle spielte. Von 1906 bis 1965 stand das Denkmal an der Kreuzung Reinbeker Weg/Gräpelweg.

Das Denkmal im Rücken, gehen wir geradeaus den Weg zwischen dem mit üppigen Blumen eingefassten Rasen und dem Spielplatz entlang bis zur gepflasterten Marktfläche. In den Schulferien breiten Kinder auf den Sandwegen ihre Decken aus und machen Flohmarkt. Seit 1955 bieten Erzeuger aus den nahegelegenen Landgebieten hier und in der angrenzenden Chrysanderstraße dienstags und freitags ihre frische Ware an (Abb. 25). An der Marktfläche wenden wir uns nach rechts und flanieren in Richtung der Bergedorfer Schlossstraße. Hinter dem Zebrastreifen beginnt der frühere Küchengarten des Schlosses. Der Betreiber des ersten Bergedorfer Wasserwerks Carl Sievers machte damals gute Gewinne und schenkte der Stadt 1888 einen gusseisernen Dreischalenbrunnen, der 2011 aufwendig erneu-

25 BERGEDORFER WOCHENMARKT

26 BRUNNEN AM KAISER-WILHELM-PLATZ

ert wurde (Abb. 26). Die umliegenden Beete werden jedes Jahr üppig bepflanzt. Von der anderen Straßenseite starrt ein würdevoll blickender Kaiser Wilhelm in Bronze zum Brunnen hinüber.

Wir begeben uns nun auf die Seite der Büste und wandeln über die Brücke wieder auf das Schloss zu. Auf dem Weg zur großen Schlosswiese passieren wir linker Hand die gepflasterte Zufahrt zum Schloss. Bis zum Jahr 1969 stand hier ein wuchtiges Portal, von dessen Türmen einer zur alten Feuerwache an der Chrysanderstraße 2 umgezogen ist. Sobald wir wieder vor dem Schlossportal stehen, verlassen wir das Gelände über die Hochzeitsbrücke und überqueren die Ernst-Mantius-Straße zum Schillerufer.

9 SCHILLERUFER / BILLEBAD

Nachdem wir wenige Meter in der Allee entlang des Schillerufers zurückgelegt haben, fällt uns rechts eine individuell gestaltete Beetlandschaft ins Auge. Hier hat die 2015 gegründete Stadtteilinitiative „Bergedorf im Wandel e.V." den „Öffentlichen Gemeinschaftsgarten am Schillerufer" ins Leben gerufen. Wenige Schritte weiter befindet sich die großzügige Grünanlage am Schillerufer, die 2010 unter Berücksichtigung ursprünglicher Gestaltungselemente neu angelegt wurde. Bei der Brücke zum Schwimmbad angekommen, begeben wir uns auf deren Mitte (Abb. 27). In vielen Haushalten – vor allem jenen der Arbeiterschicht – gab es Anfang des 20. Jahrhunderts weder Bäder noch warmes Wasser. Auf sumpfigem Gelände zwischen der Bille und den Bahnanlagen entstand deshalb unter der Bauaufsicht des Stadtbaumeisters Wilhelm Krüger 1929 an dieser Stelle die erste Warm- und Flussbadeanstalt für bessere Körperhygiene samt Umkleidekabinen, Grünanlage und städtischem Bootshaus. Am Ende des Reetwerders steht heute noch der umgenutzte Altbauteil des 1927/29 errichteten Wannenbadgebäudes. Die im Stil des Neuen Bauens errichtete Backsteinkolonnade (Abb. 28) wurde 1961 entfernt, als die Anlage um ein Hallenbad mit einem 25-Meter-Becken erweitert wurde. Kurz darauf wurde die Flussbadeanstalt in ein abgeschlossenes Freibad umgewandelt. Ab 1970 konnten sich die Bergedorfer dann eines beheizten Freibads mit einem 50-Meter-Becken samt einem fünf Meter hohen Sprungturm und großzügiger Liegewiese erfreuen. Mehrere Generationen haben hier das Schwimmen gelernt und ihre Sommerferien verbracht. Auch nachts wurde das Bad – ohne Eintritt und Badebekleidung – von der Bergedorfer Jugend gern frequentiert. Anfang 2000 mussten zwei Drittel der Fläche dem Bau von gut neunzig Wohneinheiten weichen. 2005 wurde dann ein neues Billebad mit Lehrschwimmbecken, Sauna und einem deutlich geschrumpften Außenbereich eröffnet.

27 BLICK AUF DAS BILLE-BAD IN DEN 1950ER JAHREN

28 BILLE-BAD MIT BACKSTEINKOLONNADE IN DEN 1930ER JAHREN

Wir verlassen die Brücke und setzen unseren Weg entlang einer rechter Hand gelegenen Minigolf-Anlage fort. Am Ende der Allee befindet sich links das ehemalige städtische Bootshaus. Über dem Eingang an der Rückseite lädt ein alter Schriftzug zu „ERFRISCHUNGEN" ein. Seit vielen Jahren wird im Bootshaus vor allem italienische Küche angeboten. Boote werden nach wie vor in dem vorgelagerten Holzpavillon am Wasser vermietet. Bis 1996 gab es an dieser Stelle für den Autoverkehr einen Bahnübergang zum sogenannten Wohngebiet „Am Hundebaum". Seit 1997 können Fußgänger und Radfahrer die Unterführung nutzen. Wir überqueren die Straße in Richtung der Bergedorfer Mühle.

10 BERGEDORFER MÜHLE

Erbaut wurde die Bergedorfer Mühle in Gestalt eines sogenannten Galerieholländers als Lohmühle mit Steert und massivem Unterbau 1831 von dem Bergedorfer Ratmann Martin Biehl. Aufgrund der günstigen Lage an der

29 BERGEDORFER MÜHLE MIT MÜLLERHAUS, 1933

30 BERGEDORFER MÜHLE

Bille konnte das Mahlgut von hier per Kahn ohne großen Aufwand zur Lohgerberei beim heutigen Gericht transportiert werden. Ab 1880 wurde hier Korn gemahlen, und in dieser Zeit wurde auch das zur Straße stehende Müllerhaus erbaut (Abb. 29). 1909 übernahm die Familie Jürs den Betrieb. Die Segelflügel wurden 1914 durch Jalousieflügel ersetzt und mussten 1934 erneut ausgetauscht werden. Neben der Windkraft wurde die Mühle ab 1926 auch durch einen Dieselmotor angetrieben, 1942 kam ein Elektromotor hinzu, und im selben Jahr wurde das Gebäude unter Denkmalschutz gestellt (Abb. 30). In den Jahren 1951 bis 1954 ließ das Denkmalschutzamt die Mühle grundlegend überholen, im Jahr 1967 endete der Mühlenbetrieb, und seit 1995 betreut der Verein „Bergedorfer Mühle e.V.“, der unter hohem finanziellen Einsatz und in gut 15 000 Arbeitsstunden eine umfangreiche Renovierung vornahm, das historische Bauwerk. Die engagierten Vereinsmitglieder bieten regelmäßige Vorführungen des Mühlenbetriebs an, außerdem wird das historische Gebäude für vielfältige kulturelle Veranstaltungen genutzt. Zu besonderen Anlässen wird auch das beliebte Mühlenbrot angeboten, das ein regionaler Bäcker nach einem traditionellen Rezept herstellt.

Unser Weg führt nun ein paar Schritte die Daniel-Hinsche-Straße hinauf. An der Hausnummer 2 steht der erste Bau der Bergedorfer Baugenossenschaft von 1922.

BAUGENOSSENSCHAFT BERGEDORF-BILLE

Nach dem Ersten Weltkrieg herrschte großer Mangel an bezahlbarem Wohnraum. Vier Jahre lang war nun nicht mehr gebaut worden, so dass viele heimkehrende Soldaten nach Wohnungen für sich und ihre Familien suchten. Neben dem kommunalen Wohnungsbau gewann in dieser Zeit auch ein umfangreich geförderter genossenschaftlicher Wohnungsbau an Bedeutung. Zu den genossenschaftlichen Neugründungen dieser Jahre gehörte auf Bestreben des Gewerkschaftsbundes, der SPD und engagierter Bergedorfer Bürger 1922 die „Gemeinnützige Baugenossenschaft Bergedorf". 1960 erfolgte die Fusion mit der „Siedlungs- und Wohnungsbaugenossenschaft Bille" zur „Bergedorf-Bille eG". Die Zusammenführung stand anfangs unter keinem guten Stern, da Bergedorfer und Lohbrügger traditionell kein besonders gutes Verhältnis hatten. Die Bergedorfer Baugenossenschaft hatte seit 1922 Wohnraum im Bergedorfer Raum geschaffen, während die mehrheitlich von Arbeitern des Bergedorfer Eisenwerks gegründete „Bille" ab 1948 Wohnungen für ausgebombte Hamburger und Flüchtlinge in Lohbrügge, Horn, Hamm und Barmbek errichtet hatte. Anfangs wurde den Gründern der „Bille" von der Stadt Bergedorf mit der Bereitstellung von Erbbaugrundstücken und durch Eigengeldersatz-Darlehen von Seiten der Baubehörde geholfen. Unumgänglich war der Zusammenschluss, um sich beim Bau der geplanten Großsiedlung „Lohbrügge-Nord" gegenüber der mächtigen „Neuen Heimat" besser zu positionieren. 1970 kam noch die kleine Siedlungsgenossenschaft Nettelnburg von 1920 hinzu. Heute verfügt die „Bille" über rund 9200 Wohnungen, die hauptsächlich im Hamburger Osten, aber auch in der Hafencity liegen. 22 000 Anteilseigner machen die Genossenschaft zu einer der größten Wohnungsbaugenossenschaften in Norddeutschland. Vielen Bergedorfer Kindern werden Bille-Anteile von Familienangehörigen bereits zur Geburt geschenkt.

→ ABSTECHER ZUM EISKELLER

Zu erreichen ist der Eiskeller von der Daniel-Hinsche-Straße auf Höhe der Hermann-Distel-Straße links über die Fußgängerbrücke, danach geht es rechts die Treppe hinunter, dann links und bis zum Ende der Wohnblöcke, Chrysanderstraße 142 (Abb. 31).

Das Bergedorfer Brauereiwesen blickt auf eine lange Tradition zurück – so ließ etwa schon der Winnetou-Schöpfer Karl May seine Helden „Bergedorfer Gerstensaft" trinken. Auf den Radewiesen, einem bis dahin unbebauten Areal zwischen der gerade fertiggestellten Bahnlinie Hamburg – Berlin und einer langgezogenen Schleife der Bille, entstand 1863 die „Bergedorfer Actien-Bierbrauerei" (Abb. 32). Die Eigner wollten ein untergäriges Bier herstellen, das im Reifeprozess gekühlt werden musste. Im Geesthang unterhalb der Fabrikgebäude legten sie dafür ein Labyrinth aus unterirdischen Gängen und Hallen in der Größe eines Fußballfelds sowie in den Billewiesen drei Brauereiteiche an, aus denen im Winter Eis geschnitten und in den Gewölben des Eiskellers gelagert wurde, denn industrielle Kühlanlagen gab es erst ab 1900. Ab 1874 wurde das „Bergedorfer

31 EISKELLER

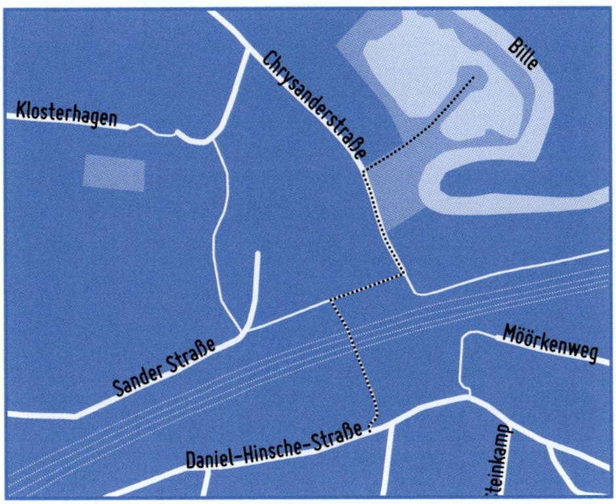

Lager Beer“ durch die „Vereinsbrauerei der Hamburg-Altonaer Gastwirte“ gebraut und erlangte durch verschiedene Auszeichnungen weltweite Bekanntheit. Als Holsten den Betrieb 1900 übernahm, durfte das Bier nicht mehr in Hamburg angeboten, sondern nur noch exportiert werden. Nur zur Wiedereröffnung des Gasthofs „Stadt Hamburg“ im Jahr 1959 wurde es ausnahmsweise noch einmal in Bergedorf ausgeschenkt. Bis 2003 wurde „Bergedorf Lager Beer“ in Nigeria produziert. Zur Freude vieler Lokalpatrioten gibt es seit 2012 wieder ein Bergedorfer Bier mit hohem Malzgehalt, das allerdings in Altona gebraut wird.

32 BERGEDORFER ACTIEN-BIERBRAUEREI, UM 1870

33 KELLERGEWÖLBE DES EISKELLERS

Bereits nach wenigen Schritten in den Gang bis zum verschlossenen Tor sind die Trockenheit und Kühle des alten Eiskellers deutlich zu spüren. Von den 1950er bis Anfang der 1980er Jahre wurden die überwiegend im Originalzustand erhaltenen Kellergewölbe (Abb. 33) für kulturelle Zwecke sowie gastronomisch genutzt. Im Jahr 1984 wurden die gemauerten Gewölbegänge mit mehreren Wohnblöcken überbaut. Heute befinden sich an Stelle der alten Kühlräume unter anderem Garagen, Lager und Trockenräume. Das Gesamtensemble mit den gegenüberliegenden Brauereiteichen gilt als „denkmalwerte Gesamtanlage". Leider hat der Besitzer der Wohnanlage die wenigen angebotenen Führungen bis auf Weiteres aussetzen lassen.

In der Grünanlage gegenüber lohnt ein Spaziergang zu den Brauereiteichen. An der Bille entlang führt ein Wanderweg bis zum Reinbeker Schloss.

CAFÉS / RESTAURANTS

Berger's
Serrahnstraße 2
www.restaurant-bergers.de
➜ *Frühstück von der Etagère, frische Tapas – malerische Außenterrasse am Serrahn*

Café Chrysander
Chrysanderstraße 61
www.cafe-chrysander.de
➜ *Frühstück, Mittagstisch und Kultur idyllisch im Schlosspark*

Lavastein
Serrahnstraße 3–5
www.restaurant-lavastein.de
➜ *mediterran-internationale Küche mit Außenterrasse*

Locanda Riva
Schillerufer 41
www.locanda-riva.de
➜ *italienische Küche im Alten Bootshaus und auf der Terrasse*

Oro Ristorante
Ernst-Mantius-Straße 12
www.ororestaurant.de
➜ *italienische Küche in stilvollem Ambiente*

Schloss-Café
Bergedorfer Schlossstraße 4
www.schlosscafe-bergedorf.de
➜ *Kaffee, Frühstück, Kuchen in Bioqualität – im Schloss und auf der Terrasse*

LÄDEN

Ansichtsssache
Ernst-Mantius-Straße 9
www.bergedorfer-ansichtssache.de
➜ *Kleinkunst & Second Fashion/Abendmode*

Buchhandlung Heymann
Weidenbaumsweg 21
www.heymann-buecher.de
➜ *gut sortierte Buchhandlung im CCB*

Mein Möbelladen
Bergedorfer Schlossstraße 13
www.mein-moebelladen.de
➜ *Möbel & Wohnaccessoires – klein, aber fein*

Onkel Emma
Reetwerder 8
www.onkelemma-unverpackt.de
➜ *Bergedorfs erster Unverpacktladen – Mittagstisch & frisches Brot*

Seemannsgarn
Reetwerder 2
www.seemannsgarn.hamburg
➜ *frischer Kaffee, Wolle & Strickworkshops*

HOTELS

Ninetynine
(Eröffnung Sommer 2021)
Weidenbaumsweg 9–11
www.99-hotels.com
➜ *modernes Designhotel am Serrahn*

FREIZEIT / SPORT

Bergedorfer Schiff-fahrtslinie
Alte Holstenstraße 64
www.barkassenfahrt.de
→ *Rund- & Flusskreuzfahrten mit der schadstoffarmen Flotte vom Serrahn*

Billebad
Schillerufer
www.baederland.de/bad/bille-bad.html
→ *Freizeitbad mit Außenbecken & kleiner Liegewiese, Wasserspielplatz, Sauna*

Bootshaus Bergedorf
Schillerufer 41
www.bootshaus-bergedorf.com
→ *mit Kanu oder Kajak die Bille erkunden*

Minigolf Café Meinz
Schillerufer 10
→ *Minigolf-Café im Park am Schillerufer*

Radstation Bergedorf
Am Bahnhof 1
www.radstationen-nord.de/bergedorf
→ *Parkhaus, Reparatur & Verleih für Räder, kostenloses Lastenrad*

KULTUR

Kulturhaus Serrahn e.V.
Serrahnstraße 1
www.kulturhaus-serrahn.de
→ *Lesungen, Kino, Konzerte, Tanzabende am Bergedorfer Hafen*

Kultur- und Geschichtskontor
Reetwerder 17
www.geschichts-kontor.de
→ *Stadtteilarchiv, Veröffentlichungen, Rundgänge durch Bergedorf*

Museum für Bergedorf und die Vierlande
Bergedorfer Schlossstraße 4
www.bergedorfer-museumslandschaft.de
→ *850 Jahre regionale Geschichte und Sonderausstellungen in Hamburgs einzigem Schloss*

Suhrhof Pub/Klangbar
Weidenbaumsweg 13–15
www.klangbar-bergedorf.de
→ *Livemusik im ehemaligen Jazzclub Bergedorf und in der Klangbar*

Uns Ewer
www.vierlanden-ewer.de
→ *mit dem Gemüse-Ewer Bergedorf auf dem Wasser erkunden*

SOZIALES / NON-PROFIT

Mütterzentrum Bergedorf
www.muetterzentrumbergedorf.de
→ *Krabbel- und Spielgruppen, Kursangebote, Café – von Eltern für Eltern*

Schillergarten – Bergedorf im Wandel e.V.
Am Schillerufer
www.bergedorf-im-wandel.de
→ *urbanes Gärtnern in der Gemeinschaft*

VOM KUPFERHOF INS SACHSENTOR 2

Kupferhof * Hasse-Haus / Bergedorf-Info * St. Petri- und Pauli-Kirche * Gasthof Stadt Hamburg * Sachsentor 1–14 * Sachsentor 15–23 * Bergedorfer Markt * Sachsentor 29 & 33 * Sachsentor 28 & 32 * Sachsentor 50–75 * Abstecher zur Chrysanderstraße, Am Bult und zum „Haus im Park"

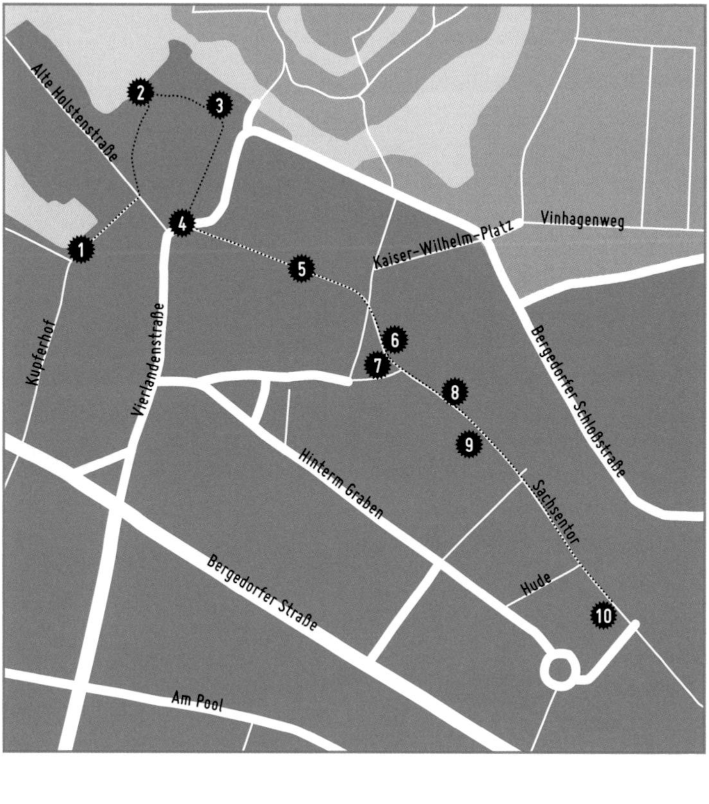

STARTPUNKT: Kupferhof (S2/S21/Interregio/ZOB)
ENDPUNKT: Gräpelweg 8 (S2/S21/Interregio/ZOB)
DAUER: etwa 1,5 Stunden

Bis zur zweiten Hälfte des 19. Jahrhunderts war Bergedorf ein Städtchen, in dem hauptsächlich Landwirtschaft, Handwerk und Handel betrieben wurden. Dank der günstigen Lage an der wichtigen Handelsstraße zwischen Hamburg und Berlin wuchs sein Wohlstand stetig an. Im Mittelpunkt dieses Rundgangs stehen vor allem die Häuser der Händler und des Gewerbes rund um das Sachsentor. Wir starten bei der mittelalterlichen Keimzelle des wirtschaftlichen Aufschwungs – der Kornwassermühle und dem mehrere Jahrhunderte später erbauten Zeynspeicher am Kupferhof. Ein Beispiel für den Baustil der 1970er Jahre gibt auf dieser Tour das bei vielen Bergedorfern nach wie vor sehr beliebte CCB ab, das ebenfalls am Kupferhof beheimatet ist, bevor uns ein kurzer Abstecher noch einmal zu alter Bausubstanz in die Alte Holstenstraße und zum Geburtshaus des in Bergedorf geborenen Komponisten Johann Adolf Hasse führt. Direkt neben der Gedenkstätte liegt das geistliche Zentrum Bergedorfs, die Kirche St. Petri und Pauli. Komplettiert wird das aus Kirche, Schloss und Kornwassermühle bestehende historische Dreieck durch den wenige Meter entfernt liegenden Gasthof „Stadt Hamburg“, der eine wechselvolle Geschichte zu erzählen hat. Von hier tauchen wir ein in das Sachsentor, die Flaniermeile der Bergedorfer, wo wir unseren Blick öfter nach oben wenden sollten, um die vielen herausgeputzten Fassaden zu betrachten. Zur Stärkung empfiehlt sich an diesem Ort das original Bergedorfer Marzipan mit frisch geröstetem Kaffee und zum Abgang ein edler Likör aus der hiesigen Destillerie. Verschiedene Exkurse, die in den Verlauf der Tour eingestreut sind, beleuchten u.a. die über Bergedorf führende Flucht Prinz Wilhelms I. im Jahr 1848 nach England, die Historie des früheren Blickgrabens und den Bau der Durchgangsstraße II, der das Bergedorfer Stadtbild einschneidend verändert hat.

1 RUND UM DEN KUPFERHOF

Wir beginnen diesen Spaziergang am Kupferhof, der im 16. Jahrhundert als Privatstraße angelegt wurde. Am Überlauf des den Stadtkern umfließenden Blickgrabens stand hier einst ein „Kupferhammer", also ein kupferverarbeitender Betrieb. Am Kupferhof 1 befindet sich der Zeynspeicher, ein Fachwerk-Traufenhaus von 1760, dessen Vorgänger aus dem 17. Jahrhundert stammt (Abb. 1). Seit 1793 betrieb hier die Familie Zeyn einen Gemischt- und Kolonialwarenhandel, aus dem sich über die Jahre ein Farbhandel entwickelte. Als 1885 das erste Fernsprechamt in Bergedorf eröffnet wurde, erhielt die Firma Zeyn die Nummer 1. Wegen starker baulicher Mängel wurde der Bau zu Beginn der 1980er Jahre abgetragen und auf neuem Fundament wiederhergestellt. Das nach dem Abbruch zwischengelagerte historische Material konnte dann ab 2006 in Reitbrook am Vorderdeich 15 für den Wiederaufbau des Speichers verwendet werden.

1 ZEYNSPEICHER, UM 1955

Mit Blick auf das hochfrequentierte Fachmarktzentrum CCB ist hier ein guter Ort, um einen kurzen Ausflug in die Geschichte zu unternehmen: 1820 kaufte Hinrich Gottlieb Behr eine Lohmühle, die am Blickgraben stand. Ab 1860 entwickelte sich daraus eine bald stark florierende Holzhandlung, deren Hauptfirmensitz sich hier bis 1969 auf der sogenannten Behrschen Insel befand (Abb. 2). 1908 brannte die Mühle nieder, 1929 wurde aufgrund neuer Verkehrsplanungen der hier verlaufende Blickgraben zugeschüttet. Ein sowohl für die Holzhandlung Behr als auch für die Stadtentwicklung Bergedorfs einschneidendes Datum war der 16. August 1969. An diesem Tag setzten zwei Oberstufenschüler des Hansa-Gymnasiums die Holzhandlung in Brand. Alle Warenbestände, Schuppen und Lagergebäude wurden dabei vernichtet, die Firma Behr konnte sich jedoch kurz darauf mit einem Baumarkt am Curslacker Neuen Deich neu ansiedeln. 1970 wurde das Gelände am Kupferhof an einen Investor veräußert und wenig später das heutige CCB mit einem 13 Stockwerke hohen Wohnturm und Parkhaus gebaut – anfangs ohne Baugenehmigung. Einem Artikel der ZEIT ist zu entnehmen, dass dabei „stillschweigend Tatsachen geschaffen und schlichtweg gelogen" wurde. Anfangs sollten sogar noch denkmalgeschützte Gebäude in der unmittelbaren Umgebung weichen, ihr Abriss konnte aber abgewendet werden.

2 BEHRSCHE LOHGERBEREI (1820) UND HOLZHANDLUNG (1860)

Wir machen nun eine Neunzig-Grad-Drehung in Richtung des rauschenden Wasserlaufs. Einer Stadtwerkstatt ist die Idee der vor uns liegenden Kupferhof-Terrassen mit Bänken zum Verweilen entsprungen (Abb. 3), an deren Ende die historische Kornwassermühle steht (Abb. 4). Seit Errichtung des Mühlendamms im Jahre 1208 konnte das Wasser der Bille gestaut und so eine Mühle betrieben werden. Auf diese Weise ent-

3 KUPFERHOF-TERRASSEN

stand mit der Müllerei Bergedorfs erster größerer Handwerksbetrieb. Die Bauern der Umgebung waren hier mahlpflichtig. Kamen sie dieser Pflicht nicht nach, konnte in letzter Konsequenz ihre jeweilige Handmühle zerstört werden. Die regelmäßigen Einkünfte der Mühle waren zunächst für die Kirche bestimmt. Anfangs wurde die Mahlstätte manuell betrieben, später mechanisiert und mit der fortschreitenden Industrialisierung technisch weiterentwickelt. Auch erlebte das Gebäude über die Jahrhunderte mehrfache Umbauten. Die endgültige Stilllegung des Mahlbetriebs erfolgte im Jahr 1939, und schon drei Jahre später wurde die Mühle unter Denkmalschutz gestellt. Wegen des angeblich schlechten baulichen Erhaltungszustands wurde der Bau 1973 abgerissen und wieder neu errichtet. Die heutige Fachwerkfront besteht aus Holzbrettern und Verblendziegeln, die einen Stahlbetonkern umhüllen. An der Rückfront sind nach wie vor die ehemaligen Sackaufzüge zu sehen. Kritische Stimmen können der „Rekonstruktion in Anlehnung an alte Formen" allerdings nicht viel abgewinnen.

4 KORNWASSERMÜHLE, UM 1935

Wir umkreisen das Gebäude und gehen nach links bis zur Alten Holstenstraße 84 (Abb. 5). Das Fachwerkgebäude, vor dem wir nun stehen, stammt aus dem Jahr 1733 und war im Laufe der Zeiten Standort mehrerer Brauereien. Ab 1815 gab es hier eine Gaststätte, die wegen ihrer unmittelbaren Nähe zur Kirche auch „Beichtstuhl" genannt wurde. Das benachbarte Fachwerkhaus, Alte Holstenstraße Nummer 82, stammt von 1620. Leider ist von den einst prachtvollen Stuckdecken hier nichts mehr zu sehen. Auf der gegenüberliegenden Wasserseite erblicken wir ein freistehendes Fachwerkhäuschen, das in den 1920er Jahren von der Stadt als öffentliche Bedürfnisanstalt erbaut wurde (Abb. 6). Ursprünglich verfügte es zudem über zwei Läden und beherbergte eine Bootsvermietung. Heute werden Passanten im Sommer aus dem Häuschen mit Eis versorgt. In den Sommermonaten können an dieser Stelle vor allem Kinder auf dem Schlossteich durchsichtige Bälle besteigen und damit übers Wasser gleiten. Schon seit der Nachkriegszeit ragen im Winter Märchenfiguren aus der Wasseroberfläche empor. Wir wandern wieder ein paar Schritte zurück und halten vor dem Gebäude der Bergedorf-Info mit der Nummer 79 an. Jetzt wird es musikalisch.

5 ALTE HOLSTENSTRASSE 84

6 ÖFFENTLICHE BEDÜRFNISANSTALT

2 HASSE-HAUS / BERGEDORF-INFO

Im Jahre 1630 erbaute die Kirchengemeinde das Organistenhaus, welches 1830 an die Arztfamilie Klöpper verkauft wurde und dessen kurz darauf entstandener Turm als Musikzimmer diente, bevor das Ensemble 1911 wieder an die Kirche zurückging (Abb. 7). Der Familie Hasse entstammten zehn Organisten, über 104 Jahre stellte sie die Orgelmeister der Bergedorfer Kirche. Johann Adolf Hasse (Abb. 8) wurde 1699 hier geboren und erhielt von seinem Vater im elterlichen Haus Musikunterricht. Er begann als Sängerknabe in der Kirche und bekam 1714 ein Stipendium für das Studium in Hamburg. 1718 sang Hasse als Tenorist an der Hamburger Oper am Gänsemarkt, und schon drei Jahre später hatte er es zum Maestro di cappella in Braunschweig gebracht, wo auch seine erste Oper „Antioco" mit italienischen Arien aufgeführt wurde. Danach führten ihn seine Studien und erste Opernerfolge nach Neapel. Ab 1730 wurde Hasse als regelmäßiger Komponist und Berater eines Konservatoriums nach Venedig bestellt, wo er die Mezzosopranistin Faustina Bordoni heiratete. Die beiden waren fortan das prominenteste Künstlerpaar des 18. Jahrhunderts. In Italien wurde der Deutsche als „il caro, il divino, il sassone, padre della musica" (Der Teure, Göttliche, Fels, Vater der Musik) gefeiert. Da italienische Opern dem Zeitgeist entsprachen, wurde Hasse 1731 vom sächsischen Kurfürsten an die Oper in Dresden gerufen und hatte dort über drei Jahrzehnte den gut dotierten Posten des Hofkapellmeisters inne. 1763 holte ihn dann die österreichische Kaiserin Maria-Theresia als Hofkapellmeister und

7 HASSETURM

8 JOHANN ADOLF HASSE, UM 1755

Musiklehrer ihrer Töchter nach Wien. 1773 kehrte Hasse nach Venedig zurück, wo er 1783 starb. Seine der Opera seria zugehörige Musik, deren hoher, ernster Stil im Gegensatz zur komischen Opera buffa steht, galt bald als veraltet, weshalb Hasse schnell in Vergessenheit geriet. Seine Kirchenkompositionen indes hielten sich – bis heute werden die Sakralwerke etwa regelmäßig in der Dresdner Hofkirche aufgeführt. Die Bergedorfer Hasse-Gesellschaft, die die Erinnerung an Johann Adolf Hasse bewahrt, wurde 1910 gegründet und hat hier seit 1991 zusammen mit dem Hasse-Archiv ihren Sitz. In Venedig und München bestehen weitere Hasse-Gesellschaften, das Bergedorfer Hasse-Orchester, das ambitionierte Laien zum Orchesterspiel vereint, veranstaltet jedes Jahr mehrere Konzerte.

3 ST. PETRI UND PAULI-KIRCHE

Eine zum Bistum Ratzeburg gehörige erste Kirche soll in Bergedorf um 1150 erbaut worden sein. Von dem ehemaligen Holzbau ist allerdings kaum etwas überliefert. Eine aus diesem Bau stammende Petrusfigur von 1380 kann noch im Schloss besichtigt werden. 1499 erlaubte der Bischof von Ratzeburg den Verwaltern aus Hamburg und Lübeck, die alte Kirche abzubrechen und „zu seinem Gefallen“ wieder aufzubauen. Die Einweihung des Neubaus erfolgte am 29. Juni 1502, das Kirchenschiff wurde zwischen 1589 und 1591 nach Westen hin verlängert. Eine Besonderheit zeichnet die Anfang des 18. Jahrhunderts angebauten Logen an der nörd-

9 ST. PETRI UND PAULI KIRCHE

lichen Längswand aus: Sie sind nur von außen zugänglich. Die darüberliegenden äußeren Fächer der Fachwerkkonstruktion sind noch original erhalten geblieben. 1759 wurde unter dem Michel-Architekten Ernst Georg Sonnin ein neuer Turm auf den westlichen Anbau gesetzt (Abb. 9). Fast alle Kirchenglocken wurden im Zweiten Weltkrieg zu Kriegszwecken eingeschmolzen.

Durch das Brauthaus von 1660/70 begeben wir uns nun in den einschiffigen Saalbau, dessen Innenausstattung aus Spätrenaissance und Barock stammt. Da alle Gemeindemitglieder zur Teilnahme am Gottesdienst verpflichtet waren, hält St. Petri und Pauli, die als die inoffizielle Hauptkirche Bergedorfs gelten kann, eine der damaligen Gemeindegröße entsprechende Zahl von 604 Sitzplätzen bereit. Im Eingangsschiff illustrieren zwölf Motive aus dem 17. Jahrhundert die Passionsgeschichte. An der Hauptempore neben der Orgel stellt ein großes Ölbild von 1679 die Versöhnung Jakobs mit Esau dar, an das sich zehn Motive aus dem Alten Testament anschließen. Zu den Seiten des Altars zeigen fünf Bilder Szenen aus dem Neuen Testament. Ein Großteil des Kirchenmobiliars geht auf Schenkungen zurück. 1662 wurde der barocke Altar gespendet, zu dessen Linken das mit dem Hamburger Staatswappen verzierte Amts- oder Landherrengestühl steht. In die Taufe aus dem Jahre 1938 sind zwei holzgeschnittene Reliefs aus der zweiten Hälfte des 16. Jahrhunderts einbezogen. Die dreißig Register umfassende Orgel aus der Werkstatt von Alfred Führer ersetzte 1962 die Orgel aus dem 19. Jahrhundert. Nur nach erheblichem Protest, unter anderem durch den damaligen Direktor des Museums für Kunst und Gewerbe Justus Brinckmann,

10 ALTE ZOLLWACHE, UM 1880

konnte ein Abriss der Kirche im Jahre 1902 verhindert werden. In jedem Jahr werden am 29. Juni die Apostel Petrus und Paulus und der Kirchenneubau gefeiert. Das neben der Kirche liegende Pastorat wurde 1913 von Hermann Distel im Heimatstil erbaut. Gegenüber, am ehemaligen Standort der alten Zollwache (Abb. 10), erschuf derselbe Architekt 1929 das wuchtige Gemeindehaus im Stil des Neuen Bauens. Wir lassen die Kirche links liegen und gehen wenige Schritte zum gegenüberliegenden Gasthaus am Sachsentor 2.

4 GASTHOF STADT HAMBURG

Schon zweimal ist das älteste Gasthaus Hamburgs, das im Jahr 1481 erstmalig erwähnt wurde, vor dem Abriss verschont geblieben, während für den Bau der Vierlandenstraße 1929/30 die Nachbargaststätte „Stadt Lübeck" aus dem 17. Jahrhundert weichen musste. Laut Balkeninschrift des „Stadt Hamburg" stammt das Eckhaus aus dem Jahr 1550 (Abb. 11). Die holzgeschnitzten Figuren in Tracht aus dem 16. Jahrhundert, die seine Fassade zieren, zeigen einen Geistlichen, wandernde Handwerksgesellen, einen Zimmermann mit seiner Axt, einen Landsknecht mit Hellebarde sowie Bürgerfrauen mit Spindel und Licht. Bereits seit 1605 dienten diese Mauern als Tagungsort, wenn sich die Ratsdelegationen aus Hamburg und Lübeck zur Buchprüfung auf dem Schloss einfanden. Im Jahr 1650 erfolgte der Bau des linken Hausteils mit der großzügigen Toreinfahrt, einer „Grootdör", durch die vierspännige Pferdekutschen in die gepflasterte Diele einfah-

11 HOTEL „STADT HAMBURG", UM 1890

PRINZ WILHELM

Im Revolutionsjahr 1848 war Bergedorf ein beschauliches Fleckchen, wohingegen es in mehreren deutschen Städten brodelte. Als Ludwig I. in Bayern abdankte, sprang der Protestfunke auch auf das preußische Berlin über. Am 18. März 1848 eskalierte die Situation dann, als Anhänger der Revolution das Königsschloss angriffen und königliche Soldaten daraufhin das Feuer eröffneten. Der Tod von gut zweihundert Revolutionären, die ihr Leben in den darauffolgenden Stunden während der blutigsten Kämpfe der Märzunruhen ließen, wurde schließlich dem verhassten Preußengeneral Prinz Wilhelm angelastet. Das aufgebrachte Volk befestigte Schilder mit Aufschriften wie „Volkseigenthum“ oder „Bürgergut“ am Prinzenpalais, welches der Prinz daraufhin verließ, um sich in Sicherheit zu bringen. Während seine Familie nach Potsdam gebracht wurde, musste der Regent Uniform und Degen ablegen und gegen Zivilkleidung eintauschen. Auf der nun folgenden Flucht wurde Wilhelm von dem Major im Gardekorps August Oelrichs und einem Kammerdiener begleitet. Mit auf den Namen „Wilhelm Oelrich“ gefälschten Papieren, gestutztem Barthaar und als Postillon verkleidet, bestieg der Prinz am 23. März mit seinen Begleitern eine Postkutsche, die das Trio nach Perleberg brachte. Auf der anschließenden Zugfahrt zog sich der preußische Herrscher zur Tarnung sogar eine blau-weiß gestreifte Arbeiterbluse über, da bereits Gerüchte über seine Anwesenheit die Runde machten. Auf Rat eines Bahnbeamten stiegen die drei Herren dann um halb elf Uhr abends bereits im ruhigen Bergedorf statt in Hamburg aus

HOTEL „STADT LÜBECK“, UM 1890

und bezogen im Hotel „Stadt Lübeck" zwei Zimmer, die sie nach einer kurzen Nacht allerdings schon früh wieder verlassen mussten. Am 25. März brachte ein Schiff die Flüchtenden nach England. Erst Anfang Juni konnte der spätere Kaiser Wilhelm I. in Generalsuniform wieder vor der Nationalversammlung in Berlin öffentlich auftreten.

ren konnten. Die Herren aus Hamburg stiegen nach der Einfahrt von dort direkt in den oberen Saal, wo sie die Bergedorfer Honoratioren trafen. 1623 nächtigte hier auch König Christian IV. von Dänemark und Norwegen, in den Jahren 1813/14 diente das Gasthaus den französischen Besatzern als Militärlazarett. Im Jahr 1847 war das Haus Gründungsstätte des für die Entwicklung Bergedorfs wichtigen Bürgervereins, der die obere Etage auch für ein Heimatmuseum nutzte. Als 1908 der Abriss wegen Baufälligkeit drohte, intervenierte der Verein für Vierländer Kunst und Heimatkunde, woraufhin die Stadt Hamburg die Herrenherberge erwarb. 1957 schließlich wurde das Haus aufgrund des Baus der Bergedorfer Straße komplett saniert, im Zuge der Baumaßnahmen höher gelegt und aus der Straßenflucht gedreht. Leider konnten nach der Instandsetzung über die neu errichteten Treppen keine Pferde mehr in die Diele gelangen. Nachdem 1959 die Neueröffnung gefeiert werden konnte, erlebte das Haus mehrere Pächterwechsel, bis sich Mitte der 1970er Jahre das Block House langfristig in dem Haus etablieren konnte. Sowohl das Gebäude als auch das von 1767 stammende Herbergsschild der Schmiede (Abb. 12) stehen unter Denkmalschutz. Angebracht wurde das Schild 1959 an dieser Stelle, weil die alte Herberge der Schmiede in der Töpfertwiete 4 dem Bau der Bergedorfer Straße hatte weichen müssen.

12 ZUNFTSCHILD DER SCHMIEDE

5 SACHSENTOR 1–14

Wir befinden uns nun auf Bergedorfs historischer Hauptstraße, die schon in der sogenannten Hans-Frese-Karte von 1593 – der ältesten Karte der Stadt – verzeichnet wird. Laut dem Bergedorfer „Stadtboek" von 1661 geht die Entstehung der Straße auf die Ansiedlung von 46 Ackerbürgern rund um die heutige Fußgängerzone zurück, die über viele Jahrhunderte die grundbesitzende Oberschicht Bergedorfs bildeten. Zunächst hieß die Straße „Lange Gasse", dann „Große Straße", so dass der 1949 eingeführte Name „Sachsentor" bereits die dritte Bezeichnung dieser verwinkelten Straße ist (Abb. 13). Dieser Name geht auf das zweite Stadttor Bergedorfs zurück, durch das Besucher von Osten die für viele Jahre einzige Durchgangsstraße betraten, die sich von Nordwesten nach Südosten durch den Altstadtkern zog. Eine einschneidende Veränderung erlebte die Straße, als 1621 während eines verheerenden Stadtbrandes viele der alten Häuser zerstört wurden. Der Wiederaufbau erfolgte in Fachwerkbauweise. Die Gefache wurden anfangs noch mit Lehm ausgefüllt und später mit Backsteinen verblendet. Ein alteingesessenen Bergedorfern noch geläufiger Spruch für den Bummel durch „ihre Stadt" lautet: „Von'n Mahnhoff up de eene Siet na'n Bahnhof und von'n Bahnhof up de anner Siet to'n Mahnhoff." Wir wählen den zweiten Teil der Wegstrecke und spazieren durch das Sachsentor bis zum Endpunkt am Mohnhof. Nachdem zuvor bereits in der Spitalerstraße eine Fuß-

13 SACHSENTOR, UM 1890

gängerzone eingerichtet worden war, ist das seit 1971 für den Verkehr gesperrte Sachsentor übrigens die zweite autofreie Einkaufszone Hamburgs (Abb. 14). Unser erster Haltepunkt befindet sich bei der Hausnummer 14.

14 UMBAU DES SACHENTORS, 1971

Im Jahre 1681 wurde dem Betrieb im Vorgängerbau des Gebäudes, vor dem wir nun stehen, vom Amt der Weiß- und Fastbäcker die Backgerechtigkeit erteilt. Nach mehreren Besitzerwechseln übernahm Gerhard Hinrich Jacob Erdmann 1825 die Bäckerei und kaufte 1836 auch das Nachbarhaus, um nach dessen Abriss das heutige Fachwerkhaus zu errichten (Abb. 15 + 16) – im eisernen Gitter an der Haustür sind immer noch die Initialen HJE zu sehen.

15 + 16 BÄCKEREI ERDMANN UM 1894 (LINKS) UND 1958–1978 (RECHTS)

Da für technische Neuerungen der Platz fehlte, musste die Bäckerei Erdmann 1997 an die Kette „Dat Backhus" verkaufen. Trotz vieler Umbauten sind wesentliche Teile des Baus bis heute erhalten geblieben und dienen als Zeugnis für die Bauweise eines Wohn- und Geschäftshauses des späteren 19. Jahrhunderts. Berühmt ist die Backstube für kunstvolle Hochzeitstorten und das Erdmann'sche Marzipan, für das Eingeweihte sogar das bekanntere Konkurrenzprodukt aus Lübeck stehen lassen.

Wir wechseln die Straßenseite und richten unseren Blick auf das Haus Nummer 11. Das sehr gut erhaltene Wohn- und Geschäftshaus mit verschiedenfarbiger Klinkerfassade und kunstvoll geätzten Glasornamenten in den Türen beherbergte im hinteren Gebäudeteil früher einen der ersten Industriebetriebe Bergedorfs, der 1842 von dem Hamburger J.H.P. Rödinger als eine Firma zur Herstellung von Tabakprodukten gegründet wurde und dessen Markenzeichen ein Bienenkorb war (Abb. 17 + 18). Eröffnet hatte Rödinger den Betrieb als Zweitniederlassung, da Bergedorf seit 1868 im Gegensatz zu Hamburg zum Zollverein gehörte und über gute Verkehrswege verfügte. 1871 erwarb er das Grundstück, auf dem noch die ehemalige Stadtschule aus dem 17. Jahrhundert stand, und wenig später auch die dahinterliegenden Flächen – ab 1883 wurde dann ausschließlich in Bergedorf produziert. Das Haus mit dem ehemaligen Ladengeschäft auf der linken Seite stammt aus dem Jahr 1905, die Lager- und Produktionsstät-

17 + 18 TABAK RÖDINGER

19 LAGER DER TABAKFABRIK RÖDINGER, 1999

ten befanden sich in den rückwärtigen Gebäuden (Abb. 19). Schon 1923 wurde hier die Produktion eingestellt und 1970 auch der Großhandel und Ladenverkauf aufgegeben. Im rechten Teil des Gebäudes versorgt seit 1986 die Sachsentor-Buchhandlung die Bergedorfer mit Lesestoff, in den Räumen zur Schlossstraße befindet sich seit 1991 das Dialysezentrum Bergedorf und auch das kirchliche Sozialkaufhaus „Petri- und Pauliladen". Seit 2012 steht das Ensemble unter Denkmalschutz.

Auf dem Nachbargrundstück Sachsentor 13 soll schon seit 1688 ein Vorgängerbau gestanden haben, seit 1732 befand sich hier die „Magdeburger Herberge", und nach einem Besitzerwechsel traf man sich im beliebten Restaurant und Gartenlokal mit dem Namen „Kaisergarten" (Abb. 20). 1906 wurde das Gebäude abgerissen und zunächst in zwei separaten Teilen neu erbaut. Die heutigen Besitzer sind sehr bemüht, die weiß verputzte

20 RESTAURANT KAISERGARTEN, UM 1890

21 SACHSENTOR 13

 Fassade mit ihren neobarocken Schmuckformen zu erhalten (Abb. 21). Ins Auge sticht vor allem der prominente Eckturm mit Uhr. Seit 1944 bietet die Traditionsfirma Bode hier Schuhe an. Wir folgen dem Kaffeeduft auf der gegenüberliegenden Straßenseite.

6 SACHSENTOR 15–23

Am Sachsentor 15 steht das wahrscheinlich älteste Profangebäude Bergedorfs. Es wurde um 1600 errichtet. Traufwände, Deckenbalken sowie die Dachkonstruktion sind teilweise noch erhalten. 1817 wurde das Haus um drei Gebinde verlängert. Nachdem sich der damals noch in Hamburg ansässige Hans Timm 1918 mit einem Handelskontor selbständig gemacht hatte, kaufte er kurz darauf einen Kugelröster. 1933 erwarb er Haus und Grundstück an der damaligen Großen Straße 18, um hier ein Einzelhandelsgeschäft mit Kaffeerösterei zu betreiben (Abb. 22). 1954 wurde ein neuer Kaffeeröster angeschafft, der bis heute in Betrieb ist und in den umliegenden Straßenzügen stets für einen aromatischen Duft sorgt, wenig später entstand die Schaufensterfront zum Markt. Als die Rösterei 1967/68 erneuert wurde, musste die Rückfassade samt malerischer Giebelwand abgerissen werden (Abb. 23). Mit rund eintausend Sack verarbeiteten Kaffees im

22 + 23 KAFFEERÖSTEREI TIMM IN DEN 1940ER JAHREN UND RÜCKFASSADE, UM 1960

Jahr zählt Timm unter den kleinen Manufakturen ihrer Art in Deutschland zu den größten. Der Erfolg ist der hohen Qualität geschuldet: In kleinen Chargen à dreißig Kilogramm werden nach traditioneller Methode (Langzeitröstung) aus 12 bis 15 Rohkaffees zwanzig Sorten komponiert. Das ergänzende exklusive Süßwaren- und Teesortiment besteht aus über 1400 Artikeln. Seit einigen Jahren sind in den Wintermonaten auch die „Bergedorfer Schlosskugeln“ wieder erhältlich, die als runde Praline aus Marzipan, Nougat und Edelschokolade erstmals 1925 von dem Bergedorfer Konditor Paul Schönemann hergestellt wurden. Zum Gebäude gehörte einst auch das angrenzende Fachwerkhaus Nummer 17 als Nebenhaus oder Bude dazu. Wann die Abtrennung erfolgte, lässt sich heute nicht mehr nachvollziehen. Historiker vermuten, dass das Haus im 18. Jahrhundert unter Beibehaltung der Rückgiebel, Traufwände, Deckenbalkenlagen und des Dachwerks neu errichtet wurde.

24 SACHSENTOR 21, 1893

Im 17. Jahrhundert eröffnete am Sachsentor 21 die Einhorn-Apotheke – das erste Apothekengeschäft in Bergedorf, das Anfang des 19. Jahrhunderts an den Standort der heutigen Lindenapotheke am Bergedorfer Markt verlegt wurde (Abb. 24). 1892 kaufte der Einzelhändler Johannes Wulff das Haus für seinen Colonial-, Eisen-, Kurz- und Porzellanwarenladen, dessen Namen es seither trägt. 1984 erfolgten Abriss und Wiederaufbau mit identischer Fassade. In der obersten Etage des Nebengebäudes Nummer 23 befand sich zwischen 1830 und 1838 eine jüdische Gebetsstube. Der Davidstern im Giebel erinnert bis heute an diese besondere Nutzung durch die stets sehr kleine jüdische Gemeinde Bergedorfs.

7 BERGEDORFER MARKT

Der Bereich des Sachsentors von der Apotheke bis zum Kaufhaus Karstadt trägt den Namen „Bergedorfer Markt" (Abb. 25). Einst stand in dessen Mitte der Pranger. Der eigentliche Markt mit regelmäßigem Handel wurde Ende des 19. Jahrhunderts an den Stadtrand „Am Brink" und 1955 in die Chrysanderstraße verlegt. Traditionell lassen Bergedorfer Geschäftsleute am Bergedorfer Markt im Frühjahr noch alljährlich einen Maibaum errichten. In jüngerer Vergangenheit hat es an dieser Stelle einschneidende städtebauliche Veränderungen gegeben: Die alte Häuserfront rund um das ehemalige Verlagsgebäude der Bergedorfer Zeitung wurde 1967 abgerissen, und die Zeitung zog in einen Neubau am Curslacker Neuen Deich (Abb. 26). Seitdem dominiert ein nüchterner Zweckbau die Südseite des Platzes. Zuerst zog hier das Kaufhaus Kepa ein, das 1978 von Karstadt

25 BERGEDORFER MARKT, 1962

übernommen wurde. Die bei warmen Temperaturen gut besuchte Eisdiele Ciprian mit ihrer großzügigen Außengastronomie sorgt für mediterranes Flair. Wenn zu Weihnachten an Heiligabend alle Vorbereitungen für das Fest erledigt sind, treffen sich hier gegen Mittag viele Bergedorfer – angeblich auf Initiative eines Handballvereins –, um am Glühweinstand die Feiertage einzuläuten. Lohnenswert ist ein kurzer Abstecher in den rechts abzweigenden Wiebekingweg mit seinen alten Handwerkerhäusern.

26 BERGEDORFER ZEITUNG 1906 & 1965

Am Rande des Marktes, Sachsentor 22, befindet sich ein weiteres Traditionsgeschäft. 1837 eröffnete Daniel Branführ hier eine Hutmanufaktur, die zunächst neben der Apotheke ansässig war. Nach dem Ersten Weltkrieg ging der Betrieb an die Familie Willhoeft über, die das Herrenausstattergeschäft mittlerweile in der sechsten Generation betreibt. Wir gehen nun auf die andere Straßenseite zur Hausnummer 29.

8 SACHSENTOR 29 & 33

Der Eigentümer des Vorgängerbaus von Haus Nummer 29 gehörte zu den „46ern“, den 46 Besitzern der ersten Bauernstellen in Bergedorf. Bei dem 1679/80 von dem Barbier Garbau erbauten Gebäude handelt es sich um eines der ältesten erhaltenen Bürgerhäuser Bergedorfs, Teile der alten Bausubstanz sind

27 SACHSENTOR 29

noch erhalten. Am massiven Vordergiebel mit barockem Werksteinportal (Abb. 27), das sowohl das Wappen der Familie von Anckeln – Stern und Anker – als auch jenes der Familie Garbau – Hirsch und Baum – trägt, zeigt sich die Verbindung dieser beiden Familien, die 1772 durch Heirat der Witwe Garbaus mit David Hermann von Anckeln zustande kam. Im Hinterhof des Grundstücks reichte der Lustgarten bis zum ehemaligen Blickgraben, wovon heute nur noch die dreihundertjährige Kastanie im Innenhof der Sachsentorpassage zeugt. Von dort lässt sich auch die Fachwerkbauweise des Hauses besonders gut in Augenschein nehmen. Nach mehreren Besitzerwechseln wohnte hier unter anderem die Heimatdichterin Elisabeth Thomann. Dank einer Initiative vor dem Abriss bewahrt, konnte das Haus 1984/85 entkernt und renoviert werden.

Wenige Schritte weiter stehen wir vor einem langgezogenen Gebäude am Sachsentor 33, dessen Architektur im historischen Altstadtkern wie ein Fremdkörper wirkt. 1884 ließ sich hier der Manufacturwaren-Händler

28 MANUFAKTURWARENHANDLUNG BIEBLER, 1910

29 + 30 AUS BIEBLER WIRD HERTIE, 1950

Johann Biebler nieder, der sein Geschäft wenige Jahre zuvor in Lohbrügge gegründet hatte (Abb. 28). Das 1908 von ihm errichtete Jugendstilgebäude am Sachsentor 33 war für das ländliche Bergedorf zunächst außergewöhnlich und sollte nur fünfzig Jahre stehen. 1949 verpachtete Biebler es an Hertie, um es einige Jahre später an den Konzern zu verkaufen, der dann bald auch die drei Nachbarhäuser übernahm, um sie abzureißen (Abb. 29). Nach dem Brand des Haupthauses wurde 1959 ein moderner Neubau mit 3000 Quadratmetern Verkaufsfläche eröffnet (Abb. 30). Durch Kauf und Abriss weiterer historischer Geschäfte konnte die Fläche 1969 nochmals auf 5200 Quadratmeter erweitert werden. Insgesamt mussten sieben Häuser aus verschiedenen Epochen weichen. 1996 wurde der „Weiße Riese" von Karstadt übernommen.

9 SACHSENTOR 28 & 32

Auf der gegenüberliegenden Straßenseite am Sachsentor 28 befindet sich eines der letzten Fachwerk-Traufenhäuser der Umgebung, das 1705 als Stammhaus der angesehenen Bergedorfer Bürgerfamilie Soltau erbaut wurde, die durch Holzhandel zu Wohlstand gekommen war (Abb. 31). Am 15. März 1745 wurde in diesem Haus Dietrich Wilhelm Soltau geboren, der

31 SOLTAU-HAUS, 1957

32 DIETRICH-WILHELM SOLTAU, 1797

zunächst als Kaufmann die Welt bereiste, um sich in seiner zweiten Karriere dem Schreiben und Übersetzen zu widmen (Abb. 32). Von ihm stammen einige viel beachtete Übersetzungen, u.a. des „Don Quijote" von Miguel de Cervantes, des komischen Epos „Hudibras" von Samuel Butler und des „Decamerone" von Boccaccio. Auch an Adelungs deutschem Wörterbuch arbeitete der gelernte Kaufmann mit. Das Gartenzimmer des Gebäudes sowie Stuckaturen aus dem Festsaal des Altbaus befinden sich im „Soltauzimmer" im Schloss, wo auch ein Einblick in den Lebensweg Soltaus gegeben wird. Am Ende der Quergasse „Hude" steht eine Gedenkbüste zu seinen Ehren. Seit den 1830er Jahren erlebte das Haus mehrere Besitzer- und Sortimentswechsel, bis es 1953 mit Ausnahme der Fassade vollständig restauriert und dabei versetzt wurde. Im Obergeschoss wurde die Stuckdecke aus dem Jahr 1705 wieder eingebaut.

Wenige Schritte weiter – bei der Nummer 32 – finden wir die letzte Hamburger Weinkellerei und Spirituosenmanufaktur in Familienbesitz. 1763 erwarb Reinert von Have das Gebäude am heutigen Standort inklusive des dahinterliegenden Grundstücks „Hinterm Graben" und weiterer Felder. Das Herz seines Nachfahren Heinrich von Have (1837–1919) schlug allerdings nicht für die Landwirtschaft. 1862 absolvierte er in einer Bremer Weinhandlung die Ausbildung zum Weinküfer und beendete 1867 in Hamburg eine Lehre zum Weinkaufmann. Zurück in Bergedorf übernahm von Have 1868 das Lokal seiner Tante mit dem Namen „Colosseum" im italienischen Viertel unweit des alten Bahnhofs, von wo es wegen des abgelegenen Standorts mit dem Geschäft an der Wende zum 19. Jahrhundert ins heutige Sachsentor verlegt wurde. Kurz darauf folgte der Abriss des Ackerbürgerhauses seiner Eltern, und das Geschäftshaus für den Weingroßhadel wurde neu erbaut (Abb. 33). Sein Neffe Wilhelm übernahm den Betrieb 1913. Das an einem Seil hängende Holzfass im traditionellen Hamburger Speicher „Hinterm Graben“ weist darauf hin, dass hier der Hamburger Rotspon in Flaschen abgefüllt wird – auf Wunsch des Hamburger Senats als Pendant zum Lübecker Rotspon (Abb. 34). Der Wein stammt aus Bordeaux und reift in Eichenfässern in den Bergedorfer Kellerräumen. Während des Ersten Weltkriegs und danach begann die Firma auch mit der Herstellung von Spirituosen. Einen erheblichen Aufschwung erlebte das Geschäft nach dem Zweiten Weltkrieg und mit der Währungsreform, als drei Hamburger Weinhändler – darunter auch Heinz von Have – 1947 mit Erlaubnis der britischen Militärregierung in die stark zerstörte französische Besatzungszone reisen durften, um wieder Wein einzukaufen. Seit der Währungsreform 1948 ging es stetig aufwärts. Die Weinhandlung wird nunmehr in fünfter Generation von Christoph von Have geführt und stellt heute in der wie ein Museum anmutenden Manufaktur ein breites Sortiment von Eigenproduktionen wie Gin, Rum-Blends und auch den zu Ostern beliebten Eierlikör her. Alle Produkte sind bundesweit im gut sortierten Einzel- und Fachhandel zu finden.

33 WEINHANDLUNG SACHSENTOR, UM 1900

34 HEINZ VON HAVE VOR SPEICHER, UM 1930

BLICKGRABEN

1467 wird der künstlich angelegte Billelauf „by dem Graven“ erstmals im Bergedorfer Stadtbuch erwähnt. Wie an einer südöstlichen Ausbuchtung des Schlossgrabens noch heute zu erkennen ist, nahm der Graben seinen Anfang beim Schlossteich und umgab die gesamte Altstadt nach Norden, Osten und Süden. Am Kupferhof speiste er die Sägemühle des Holzhändlers Behr. Der frühere Verlauf lässt sich vor einem schmalen Zeitungskiosk ablesen, der als Lückenfüller im heutigen Sachsentor 40 steht, denn die dort abweichende Pflasterung markiert die ehemalige Position des Grabens. Der Wasserlauf hatte verschiedene Funktionen: Zum einen diente er in Ergänzung der beiden Stadttore als Wehrgraben gegen Übergriffe von außen. Außerdem wurde er über Jahrhunderte als Trink- und Waschwasserreservoir genutzt, aber auch zur Fäkalieneinleitung. Hölzerne Erker an der Rückseite vieler Häuser verfügten zu diesem Zweck über praktische Bodenklappen, die sich ins Wasser entleeren ließen. Ende März eines jeden Jahres wurde das Wasser abgelassen, so dass Anlieger ihre jeweiligen Grabenstücke mühsam wieder ausgraben konnten. 1929 wurde der jahrhundertealte Blickgraben, der stets auch ein beliebtes Fotomotiv war, im Zuge des Baus der Vierlandenstraße zugeschüttet. Die Mehrheit der Anwohner begrüßte die Maßnahme, da sie fortan vor Ratten, Fäulnisgerüchen, Überflutung und unangenehmer Arbeit verschont blieben.

10 SACHSENTOR 50–75

Wie das große Bild links an der hervorstehenden Wand des Hauses Nummer 55 zeigt, stand hier bis 1620 das Sachsentor. Die jenseits des ehemaligen Blickgrabens errichteten Gebäude lagen an der Sachsenstraße außerhalb der historischen Kernstadt. Seit dem Anfang des 17. Jahrhunderts etablierten sich dort insbesondere Bäcker, Branntweinbrennereien, Brauhäuser und Schmieden. An dieser Stelle befinden sich die letzten weitgehend erhaltenen Bürgerhäuser Alt-Bergedorfs (Abb. 35). Das Fachwerkgiebelhaus Sachsentor Nummer 50 wurde 1700, Nummer 52 im Jahre 1683 und Nummer 54 schon 1625 erbaut. Zwischen den Häusern 52 und 54 verlief früher der „Neue Weg", der bis zum Bau der Vierlandenstraße von Bergedorf in die Vierlande führte.

Das sich anschließende langgezogene Gebäude mit mehreren Geschäften geht auf eine langjährige Bergedorfer Einkaufsinstitution zurück (Abb. 36). 1851 gründete der Ratmann Heinrich Wenck in der damaligen Sachsenstraße 15 ein Manufakturwarengeschäft, das er 1894 durch den Zukauf des Grundstücks Nummer 17 vergrößerte und 1919 an seinen Nachfolger Hermann Penndorf veräußerte. Nach einer kriegsbedingten Delle liefen die Geschäfte immer besser, was eine beständige Erweite-

35 + 36 SACHSENTOR 50 & 52, 1943, UND MANUFAKTURWAREN WENCK, 1897

37 TEXTILHAUS PENNDORF IM UMBAU, 1961

38 CHRYSANDERSTRASSE 3–7, UM 1900

rung der Verkaufsfläche zur Folge hatte (Abb. 37). In der Zeit nach dem Zweiten Weltkrieg avancierte Herbert Penndorf sogar zum Berater von Wirtschaftsminister Ludwig Erhard und erhielt 1970 das Bundesverdienstkreuz. 1958 jedenfalls konnte mit dem Bau des Geschäftshauses an der neuen B5 die Fläche um neunzig Prozent vergrößert werden. Noch 2001 zur 150-Jahrfeier galt Penndorf, das über eine weitere Filiale in der Mönckebergstraße verfügte, als Hamburgs größtes Textilhaus für Oberbekleidung, Heim- und Haustextilien, allerdings führte die Insolvenz nur ein Jahr später zur endgültigen Schließung. Ein geflügeltes Wort beim Blick in die örtlichen Traueranzeigen ist älteren Bergedorfern noch geläufig: „Mal sehen, wer nicht mehr bei Penndorf einkaufen geht." Nach jahrelangem Leerstand und Komplettumbau ist dieser Teil des Sachsentors seit 2010 endlich wieder belebt.

Den Abschluss der Einkaufsmeile bildet das gegenüberliegende Schuhhaus Schüttfort von 1911, das sich über die Ecke bis in die angrenzende Chrysanderstraße erstreckt. 1993 erwarb Schüttfort die ehemaligen historischen Speichergebäude Chrysanderstraße 3–7 (Abb. 38). Die Fachwerkkonstruktion aus dem frühen 19. Jahrhundert wurde nach heftigen Kontroversen zwischen dem Bauherrn und Denkmalschützern abgerissen und 2015 durch einen funktionalen Neubau ersetzt.

DURCHBRUCHSTRASSE 2

Hinter dem ehemaligen Penndorfgebäude verläuft seit 1958 über den Verkehrsknotenpunkt Mohnhof die 3,4 Kilometer lange Bergedorfer Straße B5 bis nach Boberg. Für ihren Bau fielen damals zwischen Vierlandenstraße und Mohnhof gut 150 Häuser der sogenannten Vorstadt – Wohn- und Arbeitsstätte vieler Handwerker – dem Abrissbagger zum Opfer. Den Bewohnern wurden zum Ausgleich Neubauwohnungen in Bergedorf angeboten, die im Gegensatz zu ihren alten Häusern über Bäder mit Wasseranschluss verfügten. Der Schotter auf der neuen Straße stammte u.a. noch aus den Kriegstrümmern in Hamburg. Mit dem Bau der Straße bekam Bergedorf an dieser Stelle ein neues Gesicht. Kritiker schätzen diese Verkehrsplanung allerdings als verhängnisvolle Fehlentscheidung ein – 1925 hatte es unter anderem durch den Hamburger Oberbaudirektor Gustav Leo Pläne für eine weiter südlich verlaufende Umgehungsstraße gegeben, die die Bergedorfer jedoch abgelehnt hatten. Immerhin werden die Verkehrsinseln hier jedes Jahr bunt bepflanzt.

→ ABSTECHER ZUR CHRYSANDERSTRASSE, AM BULT UND ZUM „HAUS IM PARK“

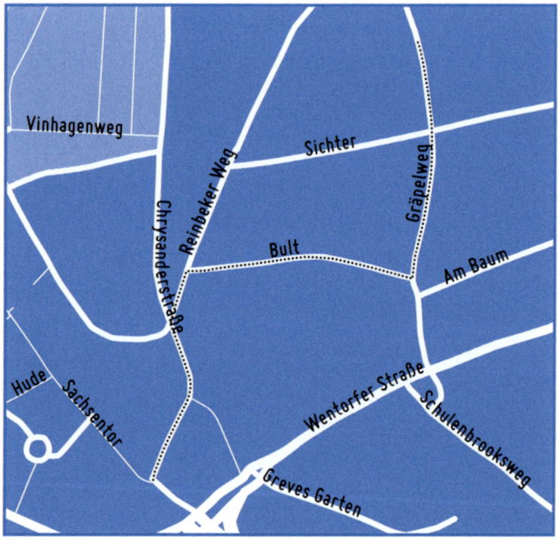

In der Chrysanderstraße 2 steht seit 1895 das Backsteingebäude der Freiwilligen Feuerwehr Bergedorf, die auf die Bürgerwehr von 1842 zurückgeht. Linksseitig in einem Beet befindet sich seit 1969 die Turmspitze eines ehemaligen Schlosstors. Das Nachbargebäude von 1887/88 beherbergte einst die Mädchenschule Brauerstraße.

An Haus 4 vorbei geht es rechts zum Bult, der früheren Schulstraße. Der Name Bult beschreibt eine grasbedeckte Bodenerhebung. Am Bult 8 baute 1896 die Bergedorfer Turnerschaft von 1860 eine Turnhalle, die Werner-Schröder-Halle. Die aufwendige Architektur lässt diesen für sportliche Zwecke errichteten Bau fast sakral anmuten (Abb. 39 + 40). Heute zählt die TSG mit ihren über 11 000 Mitgliedern zu den größten Sportvereinen Hamburgs. Direkt daneben liegt seit 1895 die ehemalige Turnhalle der Hansaschule.

Am Ende der Einbahnstraße biegen wir links in den Gräpelweg und bleiben bei der Hausnummer 8 stehen. Die Begegnungs- und Kulturstätte „Haus im Park“ residiert auf dem ehemaligen Parkgelände der Kufekevilla (Lamprechtstraße 6) und wurde 1977 von dem Unternehmer Kurt A. Körber gestiftet. Bis zum Bau des neuen „KörberHauses“ war das „Haus im Park“

39 + 40 WERNER-SCHRÖDER-HALLE, O.J.

mit seinem Theater ein wichtiges Kultur- und Veranstaltungszentrum. Dank der Bürgerinitiative Begegnungszentrum im Park e.V. konnte nicht nur der Abriss abgewendet, sondern auch der Weiterbetrieb der therapeutischen und kulturellen Angebote vor allem für die Generation 50+ und für Menschen mit Behinderung sichergestellt werden.

CAFÉS / RESTAURANTS

Block House/Jim Block
Sachsentor 2
www.block.house.de
→ *Steaks & Burger im ältesten Gasthaus Hamburgs*

Ciprian
Bergedorfer Markt 3
→ *hausgemachtes Eis im Herzen Bergedorfs*

Café Greco
Bergedorfer Schlossstraße 5
→ *Frühstück & Kuchen in zentraler Lage*

Café La petite Rue
Sachsentor 29 (Passage)
www.cafelapetiterue.de
→ *Kaffee, Frühstück, Kuchen in Bioqualität und in Vintage-Ambiente*

La Puglia
Sachsentor 6
www.lapuglia.de
→ *seit über 30 Jahren italienische Spezialitäten*

Ma Maison
Hinterm Graben 21
www.mamaison-bergedorf.de
→ *Tapas in allen Variationen*

Pane e vino
Kupferhof 4 (CCB)
www.pane-vino-hamburg.eatbu.com
→ *beliebter Steh-Italiener im CCB*

Santa Lucia
Bergedorfer Schlossstraße 12
www.santalucia-hamburg.eatbu.com
→ *ein Stück Italien in Bergedorf*

Schmidtchen Bergedorf
Kupferhof 1
www.schmidt-und-schmidtchen.de
→ *hausgemachtes feines Backwerk im Alten Zeynspeicher*

LÄDEN

Dat Backhus
Sachsentor 14–16
www.datbackhus.de
→ *weltbestes Marzipan & Torten à la Erdmann*

Herrenausstatter Willhoeft
Sachsentor 22
www.herrrenausstatter-willhoeft.de
→ *Traditionsgeschäft für Herrenbekleidung seit 1837*

Holger Bremer Floristik
Alte Holstenstraße 74
www.floristik-bremer.de
→ *anspruchsvolle natürliche Blumenarrangements*

Kaffee Timm
Sachsentor 15
www.kaffee-timm.de
→ *Privatrösterei seit 1918 – feinste Confiserie – Tee*

Sachsentor Buchhandlung
Sachsentor 11
www.sachsentor.buchhandlung.de
→ *allseits geschätzter Buchladen mit individueller Beratung*

Weinkellerei & Spirituosenmanufaktur Heinr. von Have
Sachsentor 32
www.vonhave.de
→ *seit 1868 edle Weine & Liköre aus eigener Manufaktur*

Weltladen Bergedorf
Bergedorfer Schloßstraße 33
www.weltlaeden.de/bergedorf
→ *faire Produkte aus der ganzen Welt*

FREIZEIT / SPORT

TSG Bergedorf von 1860
Am Bult 8
www.tsg-bergedorf.de
→ *11 000 Mitglieder betreiben über achtzig Sportarten*

Wasserbälle in Bergedorf
Alte Holstenstraße 75
www.wasserball-bergedorf.de
→ *im Megaball auf dem Schlossteich spazieren – ein Spaß für Klein und Groß!*

YogaLoft Bergedorf
Bergedorfer Schlossstraße 9
www.yogaloft-bergedorf.de
→ *Yoga, Massage & Reiki – für Anfänger und Profis*

KULTUR

Bergedorf Information im Hasseturm
Johann-Adolf-Hasse-Platz 1
www.bergedorf.de
→ *Informationen rund um Bergedorf*

Hasse-Gesellschaft Bergedorf e.V.
Johann-Adolf-Hasse-Platz 1
www.hasse-gesellschaft-bergedorf.de
→ *Förderung des Werks von Johann Adolf Hasse mit Archiv und Orchester*

SOZIALES / NON-PROFIT

Begegnungszentrum im Park
Gräpelweg 8
www.bez-im-park.de
→ *psychologische Betreuung, Bewegungsangebote und vieles mehr für Jugendliche & die Generation 60+ (mit Gastronomie)*

FFW Bergedorf
Chrysanderstraße 2 D
www.ff-bergedorf.de
→ *Brandschutz, technische Hilfe, Katastrophenschutz seit 1910*

Petri- und Pauli Laden
Bergedorfer Schlossstraße 9
www.stpetriundpauli-bergedorf.de
→ *gut erhaltene Kleidung, Haushaltswaren und Kinderspielzeug aus zweiter Hand*

LEUTE AUS BERGEDORF

IDA BOY-ED (1852–1928) war die Tochter des Bergedorfer Zeitungsverlegers Christoph Marquard Ed, der seine Geschäfte 1865 nach Lübeck verlegte. Schon früh begann sie mit dem Schreiben von literarischen Texten, wofür ihr vermögender Ehemann Carl Boy allerdings wenig Verständnis zeigte. Als dieser Bankrott machte, ernährte Ida die Familie als Autorin. Ihre erste – heftig umstrittene – Novellensammlung „Ein Tropfen" von 1882 thematisierte den Kampf gegen die Unterdrückung der Frau und machte sie schlagartig berühmt. Um 1900 galt Ida Boy-Ed mit über siebzig Romanen und Erzählungen als eine der erfolgreichsten deutschen Schriftstellerinnen. Schon sehr früh widmete sie sich der Förderung junger Künstler, Thomas Mann etwa bezeichnete sie als seine „mütterliche Freundin". In Bergedorf ist eine Straße nach ihr benannt.

FRIEDRICH CHRYSANDER (1826–1901) war Musikwissenschaftler und -kritiker mit Wohnsitz in Bergedorf und erforschte das damals in Deutschland wenig bekannte Werk Georg Friedrich Händels (1685–1759). Seine dreibändige Händel-Biografie blieb unvollendet, außerdem wirkte er als Herausgeber einer 94 Bände umfassenden Gesamtausgabe des Komponisten. Neben einer eigenen Notendruckerei und einer Instrumentenwerkstatt betrieb Chrysander in mehreren beheizbaren Treibhäusern auch eine Kunst- und Handelsgärtnerei. Der Pionier der Musikkritik stand mit vielen Persönlichkeiten seiner Zeit wie Otto von Bismarck, Johannes Brahms

oder dem Dirigenten Hans von Bülow in engem Kontakt. In der Hamburger Kunsthalle hängt ein großformatiges Ölgemälde des Musikforschers. Im Jahr 1926 wurde anlässlich seines 25. Todestags darüber diskutiert, in Bergedorf ein „Händel-Hasse-Festspielhaus" zu bauen, das Projekt wurde jedoch später vom NS-Regime verhindert. Vor seinem ehemaligen Wohnhaus in der Chrysanderstraße 88 A ist eine Gedenktafel angebracht.

Als in Bergedorf die erste Unterkunft für geflüchtete Menschen eröffnete, entstand auf Initiative von **GIRIJA HARLAND** (*6.10.1960) im Jahr 1988 auch der Verein „Bergedorfer für Völkerverständigung", dessen einhundert Mitglieder sich heute zusammen mit mehr als dreihundert Ehrenamtlichen für die Belange von Geflüchteten im Raum Bergedorf einsetzen. In der Flüchtlingskrise 2015 konnten sehr viele neue Ehrenamtliche hinzugewonnen werden. Mit der Großunterkunft „Am Gleisdreieck" befindet sich die größte Einrichtung für Geflüchtete in Deutschland im Bezirk Bergedorf. Der Verein hilft den Menschen insbesondere durch Begegnungsangebote wie Sprachkurse, Kinderbetreuung, Patenschaften, um in Deutschland Fuß zu fassen. Für ihr Engagement um Integration wurde Girija Harland im Jahr 2015 mit dem Bergedorfer Bürgerpreis und im Jahr darauf von Bundespräsident Joachim Gauck mit dem Bundesverdienstkreuz am Bande ausgezeichnet. Im Hauptberuf arbeitet die engagierte Flüchtlingshelferin als systemische Familientherapeutin und wohnt mit ihrer Familie in Bergedorf.

Das Bergedorfer Brüderpaar **ERIC UND TORBEN JOHANNESEN** zählt zu Deutschlands erfolgreichsten Ruderern. Nach nur drei Jahren Training im Bergedorfer Ruderclub wurde Eric (*16.7.1988) bereits 2005 Juniorenweltmeister im Vierer mit Steuermann. 2011 rückte er in den Kader des Deutschlandachters auf und wurde im selben Jahr Weltmeister. Gekrönt wurde seine Karriere mit dem Gewinn der Goldmedaille bei den Olympischen Spielen 2012 in London. Bis 2016 gehörte Eric dauerhaft dem deutschen Paradeboot an, das in jedem Jahr die Vizeweltmeisterschaft und 2016 die Silbermedaille bei den Olympischen Spielen von Rio gewinnen konnte. Im selben Jahr wurde der heutige Trainer für den Hamburger Landesruderverband bereits von seinem jüngeren Bruder Torben (*21.09.1994) als Ersatzmann nach Rio begleitet. Die Erfolge seines Bruders Eric stellten für Torben eine große Motivation dar. 2005 begann der heutige Sportsoldat und Lehramtsstudent mit dem Training ebenfalls im Bergedorfer Ruderclub, dem beide bis 2017 angehörten. 2015 durfte Torben bei einem Weltcup das erste Mal Achterluft schnuppern und wurde im selben Jahr in dieser Bootsgattung U23-Weltmeister. Ab 2017 gewann der dreifache Hamburger Sportler des Jahres (2017–2019) mit dem Deutschlandachter in jedem Jahr den Weltmeister- und Europameistertitel. Auch für die Olympischen Spiele 2020 in Tokio hatte sich der gebürtige Bergedorfer qualifiziert.

Der Industrielle **KURT A. KÖRBER** (1909–1992) wurde in Dresden geboren und gründete 1947 im vom Krieg weitestgehend verschont gebliebenen Bergedorf mit anfangs acht Angestellten die Zigarettenmaschinenfabrik „Hauni". Zehn Jahre später gelang ihm mit der Entwicklung der Filteransetzmaschine MAX der internationale Durchbruch. Insgesamt meldete der studierte Elektrotechniker gut zweihundert Patente an, und aus der kleinen Bergedorfer Firma entwickelte sich über die Jahrzehnte ein internationales Technologieunternehmen mit rund 10 000 Mitarbeitern. Als Sohn einer Anhängerin Rosa Luxemburgs bezeichnete Körber sich selbst als gemeinnützigen Kapitalisten, der der Gesellschaft etwas zurückgeben wolle. Sich selbst sah er dabei als Anstifter und leistete für zahlreiche kulturelle, wissenschaftliche und soziale Projekte die Anschubfinanzierung. Zwischen 1959 und 1992 spendete er für diese Zwecke über 200 Millionen Mark und rief 1961 den „Bergedorfer Gesprächskreis" ins Leben, in dem sich Persönlichkeiten aus Politik und Gesellschaft regelmäßig zu wichtigen Gegenwarts- und Zukunftsfragen austauschen. Viele Preise wie der Geschichtswettbewerb des Bundespräsidenten, der Rolf-Liebermann-Preis für Opernkompositionen, der Boy-Gobert-Preis für künstlerischen Nachwuchs, der Europäische Wissenschaftspreis gehen auf die Stiftungsinitiative Körbers zurück. Ein Jahr vor seinem Tod ernannte man ihn zum Ehrenbürger Hamburgs. In Bergedorf wurde die Straße seines Firmensitzes nach ihm benannt.

In seiner fünfzehnjährigen Amtszeit als Bergedorfer Bürgermeister, die von 1882 bis 1897 dauerte, wirkte **ERNST MANTIUS** (1838–1897) entscheidend an der Entwicklung der modernen städtischen Infrastruktur Bergedorfs mit. Unter seiner Ägide entstand ein Wasserwerk, die Kanalisation wurde angelegt, und eine städtische Müllabfuhr kam erstmals zum Einsatz. Der von ihm initiierte Bau eines Elektrizitätswerks und die vermehrte Ansiedlung von Industrie führten in der Stadt zu erheblich steigendem Wohlstand. Gleichzeitig legte Mantius einen Schwerpunkt seiner Tätigkeit darauf, Bergedorf als Erholungsort für die Hamburger zu etablieren. Als Gründer des „Verschönerungsvereins von 1885“ lagen ihm die öffentlichen Grünanlagen besonders am Herzen. In Bergedorf ist eine Straße nach ihm benannt.

Seine Fernsehkarriere startete **JÖRG PILAWA** (*7.9.1965) im Jahr 1994 als Talkshowmoderator bei ProSieben und als Sportredakteur für die Sat1 Fußballsendung „ran”. Kurz darauf moderierte er mit der Talkshow „Jörg Pilawa“ und „Die Quizshow“ zwei tägliche Formate. Innerhalb weniger Jahre rückte Jörg Pilawa in die erste Reihe der deutschen TV-Moderatoren vor und wurde ab 2001 zum Gesicht erfolgreicher Quizshows der ARD und des ZDF. Als Talkmaster präsentierte er den Klassiker „NDR Talkshow“ (2001–2007) und seit 2019 „Tietjen und Pilawa“. 2006 wurde der Moderator mit der „Goldenen Kamera“ in der Kategorie „Beste Fernse-

hunterhaltung“ ausgezeichnet. Neben seiner Karriere vor der Kamera ist Jörg Pilawa auch als selbständiger TV-Produzent tätig und hat mehrere Bücher geschrieben. Mit seiner Familie lebt er schon viele Jahre in Bergedorf.

Als Hamburger Innensenator erlangte **HELMUT SCHMIDT** (1918–2015) durch sein entschlossenes und unkonventionelles Agieren bei der Sturmflut 1962 erste Berühmtheit. Ab 1969 vertrat der Langenhorner seinen Wahlkreis Bergedorf in Bonn und war seitdem als „Schmidt-Bergedorf“ bekannt. Die Ankündigung seines Namens allein genügte, um Wahlkampfabende in Bergedorf aus allen Nähten platzen zu lassen. Nach dem Rücktritt des vormaligen Verteidigungs-, Finanz- und Wirtschaftsministers 1982 als Kanzler vertrat er Bergedorf noch weitere Jahre in Bonn, bis er sich am 16.12.1986 mit einem Festakt von seinem Bundestagswahlkreis verabschiedete. Dem von Kurt A. Körber initiierten Bergedorfer Gesprächskreis blieb er über viele Jahre treu. Außerdem wirkte Schmidt als Publizist, Buchautor und viel geladener Redner. Für sein gesellschaftliches Engagement und sein politisches Wirken wurden ihm unzählige Preise wie etwa 1983 die Ehrenbürgerschaft der Stadt Hamburg verliehen.

HEIDI SCHUMACHER (*27.06.1963) kennt man in Bergedorf nur als Heidi vom Lande. Als die ehemalige Ottensenerin vor vielen Jahren dorthin zog, wo in Hamburg die Sonne aufgeht, musste sie sich zunächst in ihrer neuen Umgebung zurechtfinden. Schnell wusste die langjährige Back-Office-Mitarbeiterin die Vorzüge ihres neuen – vor allem sehr grünen – Stadtteils zu schätzen und veröffentlichte ab Januar 2011 regelmäßige Blogbeiträge. Seit 2018 werden auch die Leser der Hamburger Morgenpost online mit ihren Insider-Beiträgen aus Bergedorf versorgt. Dabei deckt die Bloggerin eine große Bandbreite ab: spannende Geschichten „direkt vor meiner

Haustür“, regionale Tipps, Musik, Fashion, Veranstaltungen und vieles mehr. Eben über alles, was für die Menschen aus Bergedorf und dem Umland wichtig ist. Heidi möchte ihren Lesern immer wieder aufs Neue vermitteln, dass Bergedorf ein absolut lebenswerter und megacooler Stadtteil ist. Auf ihrer Homepage (https://heidivomlande.de) werden wertvolle Tipps für Ausflüge etc. rund um Bergedorf gegeben.

ELISABETH THOMANN (1856–1919) war eine niederdeutsche Schriftstellerin und Mitschülerin von Ida Boy-Ed, 1897 schrieb sie anlässlich des fünfzigsten Geburtstags des Bergedorfer Bürgervereins das Bühnenstück „Dat ole Bardörp“. Auch das heute in Vergessenheit geratene Bergedorf-Lied stammt von ihr. Außerdem verfasste Thomann Prologe zu Bühnenstücken, Gedichte und eigene Theaterstücke. Neben dem Schreiben widmete sie sich der Armen- und Waisenpflege sowie der Jugendfürsorge und stand dem „Vaterländischen Frauenverein Bergedorf“ vor. Im Bergedorfer Villenviertel ist eine Straße nach ihr benannt.

WILHELM WIESNER (1868–1934) war der erste von zahlreichen sozialdemokratischen Bürgermeistern Bergedorfs und hat entscheidend zur Entwicklung des neuen Bergedorfs beigetragen. Während seiner Amtszeit von 1919 bis 1931 wurden mehrere öffentliche Bauten errichtet, und die soziale Infrastruktur konnte erheblich ausgebaut werden. Sein Hauptaugenmerk lag auf dem Wohnungsbau mit städtischer Förderung. Darüber hinaus bekam Bergedorf unter Wiesner endlich ein repräsentatives Rathaus sowie das Bille-Bad, das Amtsgericht, die Feuerwache, den Güterbahnhof und die Vierlandenstraße. Auch die aufwendige Sanierung der Altstadt fällt in seine Ägide. All diese Errungenschaften halfen ihm nach der Machtergreifung der Nationalsozialisten, die ihm unter anderem Korruption und Misswirtschaft unterzuschieben versuchten, freilich wenig. Seine Beisetzung während der NS-Zeit fand unter Ausschluss der Öffentlichkeit statt. Heute erinnert eine Straße in Bergedorf an Wiesner.

VOM ALTEN BAHNHOF INS VILLENVIERTEL 3

Alter Bahnhof/italienisches Viertel * Bergedorf-Süd * Am Brink * Rosenhof/Gesundbrunnen * Auf dem Gojenberg * Ernst Henning * Ehemaliges Krankenhaus Bergedorf/Israelitischer Begräbnisplatz * Sternwarte * Friedhof * Standesamt/Rathaus * Villenviertel * Luisen-Gymnasium * Bergedorfer Gehölz * Hansa-Gymnasium * Abstecher Möörkenweg

STARTPUNKT: Neuer Weg 54 (Haltestelle Mohnhof/Buslinie 135/225/235)
ENDPUNKT: Gräpelweg 8 (Bergedorfer Bahnhof, S2/S21/Interregio/ZOB)
DAUER: etwa 3 Stunden

Dieser Rundgang ist thematisch äußerst facettenreich. Wir starten am zweitältesten Bahnhofsgebäude Deutschlands im ehemaligen italienischen Viertel. An den Gründerzeit- und Backsteinfassaden Bergedorf-Süds vorbei geht es zum ältesten Schulbau Hamburgs und direkt gegenüber zum Wohnhaus des umtriebigen Zeitungsverlegers Christoph Marquard

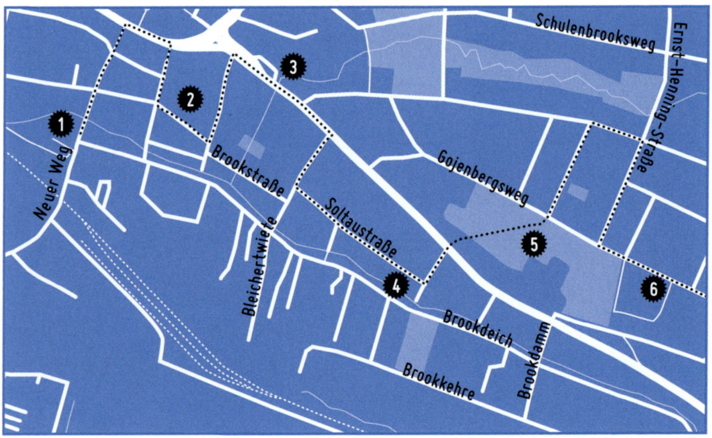

Ed und seiner Tochter, der Autorin Ida Boy-Ed. Bergedorf kann nicht nur mit einem Schloss, sondern auch mit einer „Hamburger Burg“ aufwarten, denn diesem Bautyp entspricht der „Rosenhof“. Am nahegelegenen Gesundbrunnen führt uns eine Treppe mit vielen Stufen auf den Gojenberg. Hier schlendern wir über den alten Friedhof zur Schule Ernst-Henning-Straße und Bergedorfs erstem Krankenhaus beim ehemaligen israelitischen Begräbnisplatz, bevor es zur idyllisch gelegenen Sternwarte geht – oder wir machen als längeren Abstecher eine Wanderung auf dem Natur- und Geschichtspfad, der auch über den weitläufigen Neuen Friedhof führt. An Kunstinstallationen entlang und am Standesamt vorbei führt uns der Weg zur ehemaligen Messtorffschen Villa, dem heutigen Rathaus, und nur ein paar Schritte weiter tauchen wir ein in Bergedorfs Villenviertel mit seinen großbürgerlichen Wohnhäusern, die sich mit verspielten Giebeln und Türmchen schmücken. Am höchsten Punkt Bergedorfs wacht ein alter Wasserturm über das Bergedorfer Gehölz, wo sich auch Hamburgs längste Schlittenbahn, der Doktorberg, befindet. Gleich nebenan steht das Billtalstadion, wo der HSV einst gegen die indische Fußballnationalmannschaft

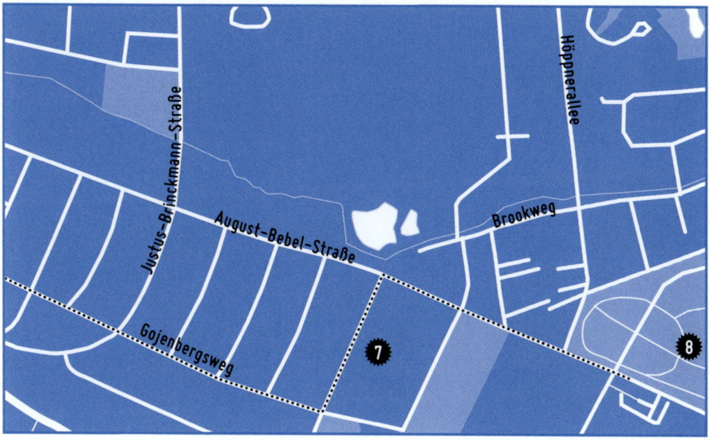

spielte. Auch zwei Schulbauten Fritz Schumachers, dem Luisen- und dem Hansa-Gymnasium, statten wir einen Besuch ab. Ein Abstecher führt zum Künstlerhaus und dem alten Wasserwerk im Möörkenweg.

1 ALTER BAHNHOF / ITALIENISCHES VIERTEL

Bis zum Jahr 1842 konnte Bergedorf nur einmal am Tag nach einer drei- bis vierstündigen Kutschfahrt oder über den Wasserweg erreicht werden. Auf der Landstraße nach Hamburg fiel an drei Stellen dänischer Zoll an. Dies änderte sich erst am 7. Mai 1842, als die durch den englischen Ingenieur William Lindley konzipierte Bahnlinie ihrer feierlichen Eröffnung entgegensah. Dem kam allerdings ein anderes historisches Großereignis in die Quere, denn am 5. Mai 1842 brach in Hamburg der Große Brand aus, und auf der neuen Strecke wurden in den folgenden Tagen statt Reisenden nur Feuerspritzen und Feuerwehrleute nach Hamburg bzw. Verwundete und Obdachlose nach Bergedorf gebracht. Erst am 17. Mai 1842 begann schließlich der reguläre Betrieb – ganz ohne Feierlichkeiten.

Die Endbahnhöfe der Strecke (Abb. 1) hatte der renommierte Architekt Alexis de Chateauneuf entworfen, für den Streckenbetrieb baute die Hamburgische Firma Krasser und Lauenstein mit Eisenteilen aus England vier Lokomotiven mit den Namen Hansa, Berlin, Magdeburg und Hannover sowie 19 Personenwagen. Die Wagen der 1. Klasse verfügten über Glasfenster, während die Wagen der 2. Klasse offen waren. Vor allem hier ließ die Bequemlichkeit zu wünschen übrig. Zu Beginn des Eisenbahnbetriebs wurden ausschließlich Personen befördert – 153 000 im ersten Jahr –, ab November 1842 dann

1 ALTER BAHNHOF, UM 1900

auch Waren und Vieh. Auch wenn viele Ausflügler nun das beschauliche Bergedorf als neues Ziel für sich entdeckten, hatten sich die Verantwortlichen von dem neuen Verkehrsweg doch deutlich mehr erhofft. Vor allem der Gütertransport aber brachte nicht die erwünschte Nachfrage, da die Landbevölkerung weiterhin auf den Wasserweg setzte. Wenige Jahre nach der Eröffnung kaufte die „Berlin-Hamburger Eisenbahn-Gesellschaft" die Bahn auf, um nach nur vier Jahren Betrieb den Bahnhof zu schließen. Am 15. Dezember 1846 wurde dann ein neuer Bahnhof am heutigen Standort eröffnet, dessen Strecke nordwestlich am Bergedorfer Zentrum vorbei direkt nach Berlin führte – eine Notwendigkeit, weil die dänische Regierung die Fahrt durch Lauenburg nicht genehmigte. Diese Entscheidung hatte weitreichende Auswirkungen auf das zusammen mit dem Bahnhof entstandene sogenannte italienische Viertel.

Chateauneuf hatte nicht nur die Bahnhöfe entworfen, sondern auch das aufwendig gestaltete Ausflugslokal „Frascati" (Abb. 2), das schon kurz nach der Schließung des Bahnhofs 1846 in Friedrichsruh wieder aufgebaut werden konnte, allerdings 1857 – andere Quellen sprechen von 1861 – abbrannte. In unmittelbarer Nachbarschaft entwarf der Ratsbaumeister J.H. Ludolf das Lokal „Portici" (Abb. 3), einen achteckigen Rundbau mit zunächst offenem Säulengang, der nach der Verlegung des Bahnhofs vielen Vereinigungen als Treffpunkt diente: 1918 tagte hier der Arbeiter- und Soldatenrat, 1933 versammelte sich die Hitlerjugend an diesem Ort, zeitweilig gab es ein Kino.

2 + 3 AUSFLUGSLOKALE „FRASCATI" UND „PORTICI", 1894

4 VERANSTALTUNGSHALLE „COLOSSEUM", UM 1900

Mitte 1930 wurde das Portici bis auf ein Nebengebäude, das heute noch im Wohnblockinneren des Grundstücks Rektor-Ritter-Straße 21/Neuer Weg 25 vorhanden ist, abgerissen. Das dritte für gastronomische Zwecke entworfene Gebäude mit seinen sechs prägnanten Säulen, das „Colosseum" (Abb. 4), entstand ebenfalls 1842 und verfügte über einen vielfältig genutzten großen Saal. Bis zum Abriss 1971 war an der Rektor-Ritter-Straße 13 auch der Kinosaal der „Kurbel" untergebracht, es folgte ein Parkhaus. Heute erinnern nur der etwas südlicher gelegene Frascatiplatz und der gleichnamige Imbiss an die „italienische Zeit" in Bergedorf.

Von der alten Bahnhofsanlage ist nur noch das Kassenhäuschen vorhanden, das 1990 wegen Baufälligkeit abgerissen, aber wieder aufgebaut wurde. Heute hat hier der Grundeigentümerverein seinen Sitz. Die niederdeutsche Lohbrügger Bürgerbühne unterhält auf dem Gelände ein kleines Theater mit 53 Plätzen. Wir lassen das Gebäude links liegen und gehen den Neuen Weg entlang bis zur Nummer 36–38.

2 BERGEDORF-SÜD

Südlich des Stadtkerns siedelten sich ab dem 16. Jahrhundert Kleinhändler und Handwerker in einfachen kleinen Häusern an, bis ins 18. Jahrhundert wurde das Gebiet hinter der Vorstadt durch die Bergedorfer Ackerbürger überwiegend als Gartenland genutzt. Im Zuge der voranschreitenden Industrialisierung entstanden dann zwischen 1889 und 1908 in den umliegenden Straßen Mietshäuser mit Gründerzeitfassaden vorwiegend für die gehobenen Ansprüche der Arbeiteraristokratie. Ins Auge springen die

5 ALTE SCHMIEDE IN DEN 1970ER JAHREN

6 SPECKENHÄUSER, 1957

sich an vielen Häusern wiederholenden historistischen Zierelemente. Diese aus Beton gegossene Massenware wurde überregional produziert und in ganz Deutschland verwendet. Die Mieter fanden in fast jeder Wohnung sanitäre Anlagen vor, in den Hinterhöfen gab es Platz für Kleingewerbe und Handwerksbetriebe. 1875 lebten in der Vorstadt 3900, 1905 bereits 12 500 Menschen. Inmitten dieser mehrgeschossigen Mietshäuser wirkt das flache Backsteingebäude Nummer 36–38 wie aus der Zeit gefallen (Abb. 5). Passanten verweilen hier gern und betrachten den verwunschenen Vorgarten der ehemaligen Schmiede hinter dem schmiedeeisernen Zaun. Manche mögen dabei die Hoffnung hegen, dass diesem Haus nicht dasselbe Schicksal drohe wie den links um die Ecke Am Pool gelegenen und 1984 unter Polizeischutz abgerissenen sogenannten Speckenhäusern (Abb. 6). Diese letzten Arbeiterhäuser von 1672 mussten nämlich damals der Tiefgaragenzufahrt eines Bille-Wohnkomplexes weichen. Den ehemaligen Besetzern wurden die Einlagerung und der Wiederaufbau der Bausubstanz versprochen, jedoch verschwand diese nach dem Abriss und tauchte auch nicht wieder auf.

Die Willersche Kate am Neuen Weg 28 stand zum Glück wenige Meter außerhalb der Trasse für die Mitte der 1950er Jahre neu angelegte Bergedorfer

7 „COLONIAL- UND FETTWAREN HANDEL WILLERS", UM 1910

Straße und blieb erhalten. Das Fachwerkhaus stammt aus dem Jahre 1750 und befindet sich seit 1783 bis heute im Besitz der gleichen Familie (Abb. 7). Gustav Willers eröffnete hier am Heiligabend 1910 den „Colonial- und Fettwaren Handel", der zwischen 1935 und 1971 von seiner Tante Emma weitergeführt wurde. Anfang der 1980er Jahre votierte das Denkmalschutzamt gegen die Schutzwürdigkeit des Hauses. Aus eigenen Mitteln der Familie konnte es 1981 trotzdem grundlegend saniert werden. Seitdem wurde das Gebäude gastronomisch und zeitweilig auch von einer Buchhandlung genutzt. Zur Eröffnung des ersten Restaurants schaute sogar das Ehepaar Helmut und Loki Schmidt vorbei. Lange Jahre stand eine von dem Besitzer Hans-Helmut Willers als Kind selbst gezogene Kastanie direkt neben dem Haus. Seit sie 2019 gefällt wurde, schmückt ein Teil des Holzes den unteren Tresen der Gaststätte.

Wir begeben uns nun zur Tag und Nacht stark befahrenen B5 und wenden uns nach rechts. Nach wenigen Metern geht es rechts in die Töpfertwiete, die wie der Neue Weg vom Altstadtkern getrennt wurde. An der Kreuzung spazieren wir links in die Rektor-Ritter-Straße, um danach links in die Hassestraße abzubiegen. Hinter der Hausnummer 13 verbirgt sich seit 1909 die Hasse-Aula samt Turnhalle der damaligen Stadtschule Bergedorf. Der langjährige Nutzer, die Rudolf-Steiner-Schule, konnte die Räume 2016 mit einem Erbbauvertrag von der SBH Schulbau Hamburg übernehmen. An der Hauswand hängt seit 1993 eine Plakette, die auf den in Bergedorf allgegenwärtigen Johann-Adolf Hasse hinweist.

Wir setzen unseren Weg fort und kommen bei der Straße „Am Brink" heraus. Links liegt der Verkehrsknotenpunkt Mohnhof. Bis Mitte des

8 MOHNHOF, O.J.

9 BIERHAUS KULMBACH, 1950

letzten Jahrhunderts befand sich an dieser Stelle das gastliche Zentrum Bergedorfs (Abb. 8). Viele Durchreisende fanden hier eine Unterkunft, bis das Gastgewerbe zunehmend vom Handel abgelöst wurde. Auf der linken Seite musste die Gaststätte „Stadt Schwerin" dem seit Anfang der 1960er Jahre beliebten Geschäft für Eisenwaren und Haushaltsartikel „Gebr. Glunz" weichen, das 2004 geschlossen wurde. Das gegenüberliegende Möbelhaus „Marks Einrichtungen" mietete sich 1934 in den Räumlichkeiten des „Bierhauses Kulmbach" ein (Abb. 9), die 1961 einem Neubau wichen und seitdem mehrfach umgestaltet und erweitert wurden. Die Firmengeschichte begann im Jahr 1912, als noch in der Töpfertwiete Tischlerarbeiten ausgeführt wurden. Wir halten uns rechts und spazieren bis zur Schule Am Brink 7.

3 AM BRINK

Eine erste Schule hatte es in Bergedorf bereits 1582 im Schulhaus Am Kuhberg (heute Wiebekingweg) gegeben. 1741 wurde in Bergedorf die allgemeine Schulpflicht für Jungen und Mädchen eingeführt. Fast ein Jahrhundert später, im Jahr 1825, zog die Schule ins Sachsentor 11, um 1856 im Neubau Am Brink 7A endlich eine langfristige Bleibe für die vier Knaben- und zwei Mädchenklassen zu finden. Wenig später kam noch das Gebäude Am Brink 7B hinzu. In der ersten sogenannten Kantorklasse wurde den Schülern elementares Wissen vermittelt. Die zweite Kantorklasse

10 + 11 BRINKSCHULE, O.J.

erweiterte dieses um zusätzliche Fächer wie Geschichte und Geografie, während die 1. Rektorklasse auf die höhere Schulbildung vorbereitete. Heute zählt die „Brinkschule" zu den ältesten Schulgebäuden Hamburgs (Abb. 10 + 11). Als Rektor stand dieser Schule von 1829 bis 1872 der Schulmeister Georg Friedrich Ritter vor, der als Gründer der Bergedorfer Liedertafel sowie Mitbegründer des Bergedorfer Bürgervereins auch einen wichtigen Platz im gesellschaftlichen Leben Bergedorfs einnahm. Seit 1985 nutzt die Waldorfschule Bergedorf die Volksschule, die kurz zuvor geschlossen worden war.

Auf der gegenüberliegenden Seite, Am Brink 10, besuchen wir nach vorsichtigem Überqueren der stark frequentierten Straße ein Haus von 1842. Heute kann man sich kaum vorstellen, dass auf dem Vorplatz bis 1950 einmal der Wochen- und Viehmarkt stattgefunden haben soll (Abb. 12). Das heute eher unscheinbare Gebäude war bei seiner Errichtung das stattlichste Haus an dieser Stelle. Sein erster Bewohner war für elf Jahre Christoph Marquard Ed, der hier auch eine Zeitungsdruckerei betrieb. Wie der Schulrektor Ritter brachte sich Ed stark in die Gesellschaft ein und wurde 1847 zum ersten Vorsitzenden des Bergedorfer Bürgervereins gewählt. 1852 wurde seine Tochter Ida geboren, die unter dem Namen Ida Boy-Ed bis zu ihrem Tod 1928 als Schriftstellerin in Lübeck arbeitete (Abb. 13), dort einen Salon betrieb und eine frühe Förderin von Thomas Mann war. Zu ihren Ehren ist über der Eingangstür ein Metallschild angebracht. 1853 zog ihr Vater mit der Druckerei, wo die in ganz Norddeutschland gelesene „Eisenbahn-Zeitung" produziert wurde, in die Nähe des Bahnhofs. Die Artikel des Blatts fanden mit ihrer oftmals klaren politischen Haltung das Missfallen der Bergedorfer Amtsverwalter, so dass es ab 1865 den Standort wechselte und nach Lübeck zog, wo Ed seine Arbeit in Opposition zu Bismarck als „Sprachrohr des linken Kapitalismus" fortsetzte. Ida Boy-Ed führte die Zeitung, die später als „Lübecker Nachrichten" fortgeführt wurde, ab 1885 weiter und musste dabei als Verlegerin anfangs gegen den patriarchalischen Despotismus ihres Schwiegervaters kämpfen. Ed senior wurde in Bergedorf begraben.

Wir lassen das Gebäude links liegen und gehen weiter geradeaus bis zur nächsten Fußgängerampel. Nachdem wir sie überquert haben, sehen wir uns um und erblicken gegenüber an der Holtenklinkerstraße 3 den ersten Bergedorfer Genossenschaftsbau von 1908. Im nächsten Eckgebäude, Nummer 26, befindet sich die Kulturgaststätte „BeLaMi", bekannt für Biergartenlesungen und Konzerte. Nun geht es rechts in die Bleichertwiete und wenig später links in die Soltaustraße zur Nummer 24.

12 MARKT AM BRINK, UM 1900

13 IDA BOY-ED, 1912

4 ROSENHOF / GESUNDBRUNNEN

Die dreiflügelige Wohnanlage (Abb. 14), vor der wir uns nun befinden, gilt als einzige im Stil der Reformarchitektur erbaute sogenannte „Hamburger Burg" in Bergedorf, deren Bautyp bei guter Grundstücksnutzung Vorderfenster für alle Wohnungen ermöglicht und nach Plänen der Architekten Kugelberg & Matthiesen als hufeisenförmiger Bau für vierzig Familien nach höchsten baulichen Ansprüchen konzipiert wurde. Ins Auge fallen insbesondere die barocken Giebel und die reichen Stuckdekorationen auf der lindgrünen Fassade, die sich an die Klinkerung im Erdgeschoss anschließen. Ihren Name „Rosenhof" repräsentiert die Anlage durch mehrere rosafarbene Rosenornamente auch ganz plastisch. Im Inneren wurde ebenfalls nicht am Komfort gespart. So sind alle Hauseingänge mit Terrazzofußböden und Kunstmarmorwänden ausgestattet. Neben einer Haupttreppe konnten Lieferanten einen separaten Aufgang nutzen. Die Treppenhausfenster wurden mit einer Glasmalerei aus einem Rosenkorbmotiv verziert. Im Haus gab es jeweils einen Kohle- und einen Wäscheaufzug. Jede Wohnung verfügte über drei bis vier Zimmer mit Vollbad, getrennter Toilette, einer Küche mit Kunstmarmorwänden und einer

14 ROSENHOF, 1909

Speisekammer sowie die meisten Wohnungen über Garderobe und Balkon. Im Küchenherd befand sich ein Kessel für die Warmwasserheizung. Auch elektronische Beleuchtung gehörte zur Standardausstattung.

Wir gehen weiter die Straße entlang, biegen links in den Arnoldistieg und überqueren die Holtenklinkerstraße. Links vom Treppenaufgang machen wir bei dem recht unscheinbaren rotgeklinkerten Brunnen halt. Im Jahre 1703 wurde wenige Meter von hier (gegenüber der Holtenklinkerstraße 120) eine Quelle aufgebrochen, deren angebliche Heilkräfte zahlreiche Gäste anzogen, was zeitweise sogar zur Errichtung einer Zelt- und Budenstadt im Umkreis des Brunnens führte. Dass von den herbeiströmenden Pilgern niemand geheilt wurde, hinderte Profiteure aber natürlich nicht daran, Eintrittsgelder zu verlangen und an der Verpflegung der Heilungsuchenden zu verdienen. Der Pastor ließ sich sogar Danksagungen, die die vermeintlich Geheilten in seiner Kirche abstatteten, bezahlen. Schon im Jahr der Entdeckung wurde allerdings nachgewiesen, dass das Wasser keinerlei Heilkraft habe, so dass die Wundergläubigen bald ausblieben und der Brunnen verfiel. Um 1830 wurde er wieder instand gesetzt und eine Gedenktafel angebracht. Seit 1880 befindet sich der durch Sickerwasser gespeiste Brunnen am heutigen Standort an der ehemaligen Brunnenstraße. Sein Wasser ist nicht trinkbar und wird regelmäßig durch das Gesundheitsamt kontrolliert.

Wir steigen die 69 Stufen auf den Gojenberg und halten uns oben rechts.

5 AUF DEM GOJENBERG

Über die Bedeutung des Namens „Gojenberg" ist sich die Forschung uneinig. Einerseits könnte er auf die nordische Gottheit Wotan zurückgehen, die Erhebung also einmal Wotanberg geheißen haben. Plausibler erscheint jedoch die Herleitung von dem Wort „Papagoy" – einer Vogelfigur, auf die beim alljährlichen Pfingstschießen gezielt wurde. Das Gebiet, auf dem sich die Erhebung befindet, lag bis Mitte des 19. Jahrhunderts

15 ST. MICHAEL-KIRCHE, 1958

16 SCHULE ERNST-HENNING-STRASSE, UM 1900

außerhalb Bergedorfs. Bis 1806 fanden hier Hinrichtungen statt, deren Opfer in der benachbarten Leichenkuhle zusammen mit Selbstmördern sowie Tieren beerdigt wurden. Der Lehmboden der Kuppe diente zudem dem Häuserbau. Als der traditionelle Friedhof an der Petri- und Paulikirche und auch der Armenfriedhof an der Hassestraße/Am Brink nicht zuletzt wegen einer Choleraepidemie zu wenig Platz für die Toten boten, wurde hier 1831 ein neuer Begräbnisplatz eingeweiht. Allerdings war die Abneigung der Bevölkerung gegen den neuen Standort wegen der Vorgeschichte zunächst groß. Deshalb wurde eigens der Kirchhofsweg angelegt, damit die Trauergesellschaft nicht über den für die Missetäter gedachten Schinderweg, heute August-Bebel-Straße, ziehen musste. Wegen Platzmangels wurde die Ruhestätte 1907 geschlossen. In der heutigen Parkanlage stehen die Grabsteine vieler Persönlichkeiten, die Bergedorf im 19. Jahrhundert geprägt haben, darunter der ehemalige Amtsverwalter Bernhard Wilhelm Lindenberg, Bürgermeister Ernst Mantius sowie Schulrektor Friedrich Ritter. Über dem Park wacht seit 1955 die von dem Architekten Gerhard Langmaack erbaute und wie eine Kapelle anmutende St. Michael-Kirche (Abb. 15), die bis 1964 zur Petri- und Paulikirche gehörte. Wir lassen die Parkanlage hinter uns und gehen weiter geradeaus bis zum Ende der Spieringstraße. Vor dem zu unserer Rechten befindlichen Portal des einstigen Gebäudes der Jungenschule mit neobarocker Fassade von 1910 halten wir an (Abb. 16).

ERNST HENNING

Der Metallarbeiter Ernst Henning (1892–1931) war zu Beginn der 1920er Jahre Vorsitzender der Bergedorfer KPD. Aufgrund seiner Beteiligung am Hamburger Aufstand, der einen revolutionären Umsturz nach dem Vorbild der russischen Oktoberrevolution zum Ziel hatte, wurde er 1923 zu vier Jahren Festungshaft verurteilt, aber bereits 1925 entlassen. Nachdem er 1927 schon als Abgeordneter in die Bergedorfer Bürgervertretung gewählt worden war, zog der Kommunist 1928 auch in die Hamburger Bürgerschaft ein. Am 14. März 1931 trat Henning als Referent in der Gaststätte Albers in Kirchwerder auf und wurde auf der Rückfahrt nach Bergedorf von drei SA-Männern im Nachtbus erschossen. Zu seiner Beerdigung in Ohlsdorf kamen 35 000 Menschen – eine Großdemo gegen die Nazis. Die Grabrede hielt Ernst Thälmann, noch im Jahr seines Todes wurde Hennings Frau in die Bürgerschaft gewählt. Die Verteidigung von Hennings Mördern übernahm der von Hitler finanzierte Anwalt Hans Frank, der später als „Schlächter von Polen“ in die Geschichtsbücher einging. Nachdem die Nationalsozialisten die Macht übernommen hatten, mussten die Täter ihre Haftstrafen nicht antreten. Die heutige Ernst-Henning-Straße trifft direkt auf die ehemalige Hitlerstraße, die heute August-Bebel-Straße heißt.

Aufgrund des umgebenden waldreichen Gebiets wurde dieses Institut zunächst „Stadtschule am Birkenhain“ genannt. Der Bau war notwendig geworden, weil zu dieser Zeit die Schülerzahlen stark wuchsen. Über dem Portal prangen Sinnbilder des Fleißes und des Glücks. Auf der anderen Seite des Gebäudes wurde 1915 in der Parallelstraße eine bauähnliche Mädchenschule eröffnet. Als Verbindung zwischen beiden Schulen diente eine Turnhalle mit Uhrentürmchen. Wenn wir uns nun rechts herum in die Ernst-Henning-Straße 20 begeben, können wir dort über dem Portal noch immer den Schriftzug „Mädchenschule“ lesen. Heute wird die Schule als teilgebundene Ganztagsschule genutzt. Am Ende der Ernst-Henning-Straße überqueren wir den Gojenbergsweg, halten uns links und spazieren bis zur Nummer 30.

6 EHEMALIGES KRANKENHAUS BERGEDORF / ISRAELITISCHER BEGRÄBNISPLATZ

Bis Mitte des 19. Jahrhundert war es üblich, Ärzte in Privathäuser zu rufen, erst allmählich entwickelte sich danach ein breiteres stationäres Krankenhauswesen. Der Vorläufer des Gebäudes (Abb 17 + 18), vor dem wir nun stehen, war 1832 eine Cholera-Baracke. 1872/73 wurde an der Bergstraße 35 (heute August-Bebel-Straße/Möllers Kamp) ein kleines städtisches Krankenhaus mit drei Zimmern errichtet, dessen Kapazitäten angesichts einer rasch wachsenden Bevölkerung und der sich häufenden Unfälle in den Industriebetrieben aber schon bald nicht mehr ausreichten. Erst 1912 wurde von dem Architekten und Bauinspektor Friedrich Ruppel, einem Mitarbeiter Fritz Schumachers, am Gojenbergsweg ein großes Krankenhaus mit drei Flügeln in neobarocker Formensprache gebaut, das exemplarisch zeigt, dass sich der Krankenhausbau des frühen 20. Jahrhunderts in seinen Grundformen häufig am Schlossbau orientierte. Auf der Rückseite im Untergeschoss befand sich ein separater Eingang für Patienten mit ansteckenden Infektionskrankheiten. Im Park waren die Gartenanlagen, unterteilt in Bereiche für Frauen, für Männer sowie für Infektionskranke.

17 + 18 ALTES KRANKENHAUS, 1912

Auch dieses Gebäude stellte sich schon nach wenigen Wochen als deutlich zu klein heraus. Erst 1953 wurde an anderer Stelle, in der Justus-Brinckmann-Straße, das Bethesda-Krankenhaus Bergedorf erbaut, das 2000 mit dem Allgemeinen Krankenhaus fusionierte. Seit 2007 befindet sich hier ein Seniorenzentrum.

Direkt nebenan am Gojenbergsweg 30U lassen sich Spuren eines ehemaligen israelitischen Begräbnisplatzes entdecken, zu dessen Errichtung der Bergedorfer Kaufmann Michael Nathan 1841 ein 1500 Quadratmeter großes Grundstück gekauft hatte. Die erste Beisetzung auf dem Friedhof dürfte die seines zwei Monate zuvor totgeborenen Sohnes gewesen sein. Als das Grundstück 1890 an eine Erbengemeinschaft fiel, waren hier bereits zehn Personen bestattet worden. Ein Kaufangebot des Krankenhauses schlug der Verwalter Albert Lavy aus, weil jüdische Gräber ewig Bestand haben. 1911 kam es dann aber doch zu einer Übereinkunft über die Nutzung durch das Krankenhaus, nach der der Boden – ohne dass die Grabfelder angetastet werden sollten – zum Wäschetrocknen und als Patientengarten genutzt werden durfte. Erst die Machtergreifung der Nationalsozialisten führte schließlich dazu, dass die Stadt Hamburg den Friedhof 1938 unter Bedingungen einer Enteignung „kaufte". Dem Jüdischen Religionsverband Hamburg wurde nun auferlegt, die Toten zu exhumieren und auf den jüdischen Friedhof an der Ilandkoppel umzubetten. 1940 wurde auf dem Grundstück eine Holzbaracke für verschiedene Zwecke errichtet, die in den 1980er Jahren durch einen Klinkerbau ersetzt wurde. Seit 2008 steht der Begräbnisplatz als Bodendenkmal unter Denkmalschutz, im Jahr 2019 richtete der neue Eigentümer das Nachbarschaftsmuseum und Café „Gojenberg. Geschichte. Gemeinsam" ein, das sehr detailreich historische Informationen und persönliche Erinnerungen der Nachbarschaft präsentiert.

Wir lassen das Haus rechts liegen. Auf dem Weg zur Sternwarte fällt der einheitlich symmetrische Baustil der Rotklinkergebäude auf, die ab 1923 unter strengen Vorgaben gebaut wurden (Abb. 19). Für die Errichtung standen damals nur zwei Haustypen mit jeweils zwei Geschossen zur Aus-

19 SIEDLUNG GOJENBERG, UM 1930

wahl. In den umliegenden Straßen bauten die Bergedorfer Baugenossenschaften zudem zu günstigen Bedingungen Mehrfamilienhäuser, die ebenfalls nur zwei – später gab es noch einen dritten Typ – baulichen Mustern folgten.

Wir überqueren nun die Justus-Brinckmann-Straße und gehen die Straße bis zum Ende. Wer mag, kann dann rechts abbiegen und an der Ecke links den gelben Pfeilen des Lehrwanderpfads folgen, der 1979 vom Bergedorfer Bürgerverein angelegt wurde. Dieser Pfad folgt dem Wanderweg 30 des Wanderverbands Norddeutschland über die Geestkante von Bergedorf nach Börnsen. Unser Spaziergang führt jetzt auf das weitläufige Gelände der Bergedorfer Sternwarte. Sollte hier der Zugang versperrt sein, biegen wir zunächst links und an der Ecke rechts ab. An der August-Bebel-Straße 196 finden sich Hinweise, wie wir zum Besucherzentrum gelangen.

7 STERNWARTE

Auf Initiative des Feinmechanikers Johann Georg Repsold wurden 1825 das Astronomische Institut und eine Navigationsschule erbaut, die ihren Standort zunächst in den Wallanlagen auf der Bastion Henricus – am heutigen Standort des Museums für Hamburgische Geschichte – hatten. Luftverschmutzung durch Industrieabgase, Erschütterungen aufgrund von erhöhtem Stadtverkehr und die Einführung der Straßenbeleuchtung erschwerten die astronomischen Beobachtungen an dieser Stelle jedoch, so dass ein neuer Standort gesucht werden musste und im Jahr 1900 mit einem Grundstück mit freier Südsicht und großzügiger Freifläche auf dem vierzig Meter hohen Gojenberg auch gefunden wurde. Nach langen Verhandlungen

– nicht alle Beteiligten konnten sich mit dem weit abseits der Hamburger Innenstadt gelegenen Standort anfreunden – wurde schließlich zwischen 1906 und 1912 die von dem Architekten Albert Erbe geplante und zu dieser Zeit modernste Sternwarte Europas erbaut (Abb. 20), wobei die sämtlich nach Süden ausgerichteten Gebäude zur Verhinderung thermischer Effekte jeweils als Einzelbauten für sich standen. Bereits kurz vor der Eröffnung konnten die Forscher von der neuen Einrichtung aus einen Asteroid entdecken, der Bergedorf zu Ehren „Montana" getauft wurde. In Fachkreisen genoss die Sternwarte mit ihren vielen Projekten in den folgenden Jahren hohes Ansehen.

20 + 21 STERWARTE (OBEN), 1912, UND BIBLIOTHEK (UNTEN)

Beim Betreten des Areals kommen wir zunächst am schlossartigen Dienst- und Verwaltungsgebäude vorbei. Absolut sehenswert ist die sich über beide Geschosse erstreckende Bibliothek mit umlaufender Galerie, deren im Barockstil gehaltener Saal an einen Bibliotheksbau in Nizza angelehnt ist (Abb. 21). Rechts unterhalb liegt die Direktorenvilla. Das erste Beobachtungsgebäude beherbergt den 2019 restaurierten großen Refraktor mit einer drehbaren und mit Spaltverschlüssen versehenen Kuppel – mittels einer Hebebühne gelangen die Betrachter zum Spiegelteleskop, das eine Brennweite von neun Metern und eine Objektivöffnung von sechzig Zentimetern aufweist. Hinter dem Refraktorhaus liegt in strenger Ost-

West-Ausrichtung das Meridiankreishaus, von wo aus mittels eines Meridianfernrohrs an einer besonders exakten Zeitbestimmung gearbeitet wurde. Navigation und Zeitbestimmung etwa zur Steuerung der Normaluhren wurden lange durch die hier berechneten Bergedorfer Sternenkataloge geprägt. Der Meridiankreis befindet sich nach einer Zwischenstation im australischen Perth heute im Deutschen Museum. Linksseitig zum Meridiankreishaus befindet sich in einem kleineren Kuppelgebäude das „Äquatorial" mit dem alten Refraktor von 1867 und einem sehr gut erhaltenen hölzernen Beobachtungsstuhl. Eine Rasenfläche führt zu weiteren Kuppelgebäuden, die sich rund um das Besucherzentrum mit dem 1-Meter-Spiegel verteilen, der einst das größte Teleskop Deutschlands war. Von 1955 bis 1977 befand sich hier auch der berühmte Schmidt-Spiegel des Optikers Bernhard Schmidt, der wegen seines breiten Bildwinkels und der außergewöhnlichen Bildqualität weite Verbreitung in der Astrofotografie fand. Seit 1968 zählt die Sternwarte als Institut zum Fachbereich Physik der Universität Hamburg. Die historischen Teleskope finden in der Ausbildung weiterhin Verwendung und stehen Amateurastronomen zur Verfügung. In den letzten Jahren hat sich der seit 1996 unter Denkmalschutz stehende Gebäudekomplex zu einem beliebten Ausflugsziel entwickelt. Die Umwandlung zu einem Nobelwohnviertel mit Seniorenheim konnte der eigens gegründete Förderverein zur Jahrtausendwende erfolgreich verhindern. Seit 2007 ist eine private Montessori-Schule auf dem Gelände beheimatet. Das Café „Raum und Zeit" lädt regelmäßig zu Sonderveranstaltungen ein.

Am Ausgang zur August-Bebel-Straße verlassen wir das Gelände und biegen rechts ab. Wenige Meter weiter betreten wir rechts den neuen Bergedorfer Friedhof.

8 FRIEDHOF

Das Friedhofsgelände wurde 1907 von Wilhelm Cordes, dem damaligen Direktor des Ohlsdorfer Friedhofs, angelegt, der den Bergedorfer Friedhof als einen „der schönsten Friedhöfe Deutschlands" bezeichnete. Der

Bergedorfer Architekt Hermann Distel beschrieb die Anlage so: „Gerade Wege wechseln mit leichten Krümmungen, der Blick wird bald begrenzt durch die Kapelle, bald geht er über den steil abfallenden Höhenrand hinweg über die Wassergräben Vierlandes, über die Türme von Winsen und Lüneburg – weit ins Unendliche." An der höchsten Stelle des Friedhofs, auf dem bekannte Bergedorfer wie der Unternehmer Kurt A. Körber, der Schauspieler Friedrich Schütter und der einstige örtliche KPD-Vorsitzende Ernst Henning ihre letzte Ruhe gefunden haben, liegt die 1908 errichtete barockisierende Backsteinkapelle 1, für die der Bergedorfer Maler Heinrich Rüter ein Wandölgemälde gestaltete, das die Auferstehung Christi zeigt. Unweit der Kapelle am Ende einer Rasenfläche steht das Denkmal „Den Opfern" von Friedrich Wield (Abb. 22). Mit einer kauernden Frau als Sinnbild des Leidens erinnert das Mahnmal aus dem Jahr 1922 an die Toten des Ersten Weltkriegs. Auf der anderen Seite der Kapelle, als halbrunde Anlage am Hang gebaut, befindet sich der sogenannte Ehrenfriedhof mit einem Aussichtsbalkon Richtung Vierlanden, in dessen Mauer Symbole der ehemals deutschen Ostgebiete eingearbeitet sind. Fast 400 Steinkreuze tragen hier die Namen von Gefallenen des Zweiten Weltkriegs. Im anschließenden Teil des Friedhofs erinnert ein Holzkreuz auf einem Muschelkalksockel an 652 russische Gefangene des KZ Neuengamme. Hier befindet sich auch das Anti-Kriegsdenkmal von Grigoriy Jastrebentzkiy, das einen Gefangenen vor einem Stacheldrahtzaun zeigt. Östlich der Kapelle 2 von 1972 befinden sich zwei Sonderbegräbnisfelder: Seit 2004 haben Muslime dort die Möglichkeit, ihre Toten zu begraben. Ein ehemaliger Schulpavillon dient als Waschungs- und Abschiedshalle, wo

22 DENKMAL „DEN OPFERN"

die Leichen vor dem Begräbnis auf einem Granitstein aufgebahrt werden können. Die dort befindliche Raumfigur „Mihrab" wurde von dem Bergedorfer Künstler Oliver Hertel erschaffen. Seit 2016 nutzen auch Aleviten den Friedhof. Eine weitere Besonderheit ist das Grabfeld 117 des Bethesda-Freundeskreises. An diesem Gedenkstein mit der Inschrift „Liebe ist unsere Brücke" haben Eltern die Möglichkeit, sich von ihren still geborenen Kindern zu verabschieden.

Das letzte Gebäude auf dem Gojenberg an der August-Bebel-Straße 210 ist das Selma-Anna-Otto-Heim. Bis zu 450 rekonvaleszente Kinder konnten in diesem 1909 errichteten Genesungsheim Erholung finden. Heute wird in den 15 Wohneinheiten des Sternwartenpalais exklusiv gewohnt.

Vom äußersten Stadtrand nähern wir uns nun auf der August-Bebel-Straße wieder dem Zentrum. Wir biegen rechts in die Ernst-Henning-Straße und dann gleich wieder links in die Grünanlage. Ein längerer Spaziergang führt an der Schulenbrooksbek entlang, nach dem Überqueren des Möllerskamp liegt rechter Hand eine verstreute Skulpturenlandschaft. Am Ende des Parks steigen wir rechts die Stufen hinauf und gehen dann links durch die gründerzeitliche Wohnsiedlung „Greves Garten", die zwischen 1890 und 1895 entstand und lange als „Lehrerkolonie" galt. An der Wentorfer Straße biegen wir rechts ab und passie-

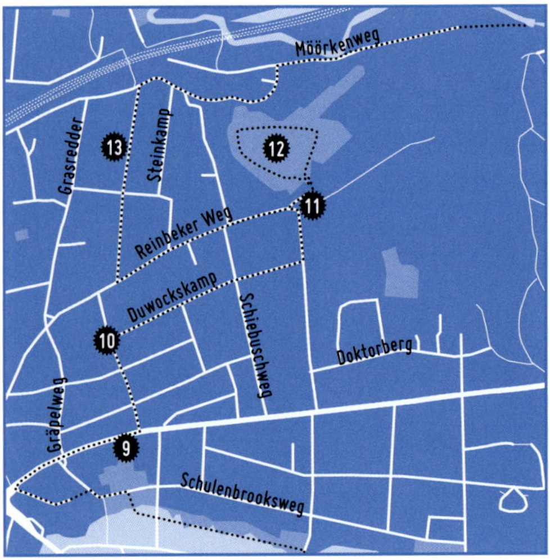

ren Haus Nummer 26, das 1981 zum selbstverwalteten Jugendzentrum des Vereins „Unser Haus e.V." und zum Treffpunkt verschiedener Initiativen wurde – bis heute hängen regelmäßig politische Botschaften aus den Fenstern zur Straßenfront. Ein paar weitere Schritte führen uns zum etwas zurückliegenden Standesamt.

9 STANDESAMT / RATHAUS

Im Jahr 1891 ließ der Textilkaufmann und Kunstsammler Ernst Rose an der heutigen Wentorfer Straße 30 die „Villa Rosenhof" (Abb. 23) bauen, in der von 1937 bis 1992 eine Polizeiwache untergebracht war, bis das Standesamt einzog. Das elegante Gebäude wählen nicht nur die Bergedorfer gern zur Eheschließung.

Die „Villa Rosenhof" lag in unmittelbarer Nachbarschaft der prunkvollen „Villa Hohentann", die Roses engem Freund Friedrich Messtorff (1854–1915) gehörte (Abb. 24). Der Reichtum des von den Bergedorfern so genannten „Prinzen von Bergedorf" gründete sich auf die Alleinvertretungsrechte für Petersburger Gummischuhe mit Firmensitz am Raboisen. Ganz offensichtlich war es Messtorffs gesellschaftliche Ambition, nicht einer von vielen in Hamburg, sondern lieber der Erste im aufstrebenden Bergedorf zu sein. Deshalb kaufte er 1889 hier ein großzügiges Stück Land sowie vier weitere benachbarte Grundstücke. 1898/99 wurde der Architekt

23 VILLA ROSENHOF, O.J.

24 VILLA MESSTORFF, 1914

Johannes Grotjan mit dem Bau der „Messtorff'schen Villa" oder „Villa Hohentann" beauftragt. Für 370 000 Mark sollte ein schlossartiges Haus entstehen, das das vorhandene Landhaus von 1839 mit einbezog. Wie zu der Zeit üblich, bediente sich der Architekt eines wilden historisierenden Stilmix mit Elementen aus Renaissance und Klassizismus, der vormals runde Turm wurde römischen Barockkirchtürmen nachempfunden. Zudem verfügte der weitläufige Park über einen Säulentempel und einen eigens geschaffenen Tunnel. In der Villa soll es prunkvolle Bälle und Konzerte gegeben haben. Drei Jahre nach Messtorffs Tod zog dessen Adoptivsohn Richard 1918 nach Ostpreußen. Im Haus wohnten nun nur noch Dienstboten, zuletzt wurde hier eine Pension betrieben. 1924 schließlich kaufte die Stadt unter dem sozialdemokratischen Bürgermeister Wilhelm Wiesner gegen bürgerlichen Widerstand die herrschaftlichste Villa Bergedorfs, um für die bereits seit 1275 mit Stadtrechten versehene Stadt endlich ein Rathaus zu erschaffen. Nach Plänen des Stadtbaurats Wilhelm Krüger und des Architekten Georg Lindner wurde die Villa zwischen 1925 und 1927 umgebaut, wobei der Spiegelsaal, das heutige Bürgermeisterzimmer, das Blaue Zimmer und das östliche Treppenhaus mit ihrer aufwendigen historischen Ausstattung zu Repräsentationszwecken erhalten blieben. Als bürgerliches Innenraumensemble sind diese Räume in Hamburg einzigartig. Der Rathaus-Neubau selbst ist im Art-déco-Stil eingerichtet, sein 35 Meter hoher und ebenfalls neugestalteter Turm ermöglicht einen guten Ausblick über Bergedorf. Bis zum Zweiten Weltkrieg ertönte hier ein Glockenensemble nach Bauart des berühmten Glockenspiels von Westminster, das 1944 abgehängt und im Hamburger Glockenhafen zu Munition eingeschmolzen wurde. Am 12. März 1927 wurde das Bergedorfer Rathaus eingeweiht, und die 652 Jahre währende Übergangsphase ohne Rathaus, in der Schlosszimmer, Privatzimmer des Bürgermeisters und Räume in der ehemaligen Hansaschule zur Führung der Amtsgeschäfte gedient hatten, war beendet.

Wir überqueren die Wentorfer Straße an der Fußgängerampel und biegen rechts in die Lamprechtstraße.

10 VILLENVIERTEL

Über viele Jahre nutzte die Bergedorfer Kernbevölkerung, die Ackerbürger, den Geestrücken zwischen Altstadtkern und Gehölz als Ackerland. Nach der Maxime „Bergedorfs Zukunft liegt am Reinbeker Weg" erkannte der Bergedorfer Ratsherr C.F.W. Schlehbusch schon um 1830 das Potenzial des hiesigen Baulands und erwarb große Teile des Geländes, um sie später in kleinen Parzellen zu veräußern. 1880 verstärkte sich der Boom. Bergedorf galt als Luftkurort, womit auch Gasthöfe warben. Zwischen 1880 und 1920 ließen sich in den entstehenden Häusern vor allem Hamburger Kaufleute und solvente Privatiers nieder. Der neu entstandene Stadtteil erstreckte sich über fast vier Fünftel der gesamten Stadtfläche Bergedorfs, die gute Eisenbahnverbindung erlaubte den Neubürgern die problemlose An- und Abreise nach Hamburg, und die Gemeindeverwaltung freute sich über wachsende Steuereinnahmen durch die gutbetuchten Zugezogenen. Mehr als 200 großbürgerliche Wohnhäuser entstanden im damaligen Landhausviertel, wobei manche Bauherren sich an den Vorlagen des „Vereins für Vierländer Kunst und Heimatkunde" von 1901 orientierten, der sich die Bewahrung heimatlicher Bautraditionen zur Aufgabe gemacht hatte. Andere Neusiedler setzten dagegen auf verspielten Historismus oder Jugendstil mit Giebeln und Türmchen, und auch strengere Formen der Reformarchitektur wurden verwirklicht. 1906 wurden erstmalig Bebauungsrichtlinien für das Viertel aufgestellt, denen zufolge keine Fabriken, gewerblichen Lagerräume oder sonstige Gebäude errichtet werden durften. Im April 1998 wurde eine Erhaltungssatzung für das Villengebiet beschlossen.

Eines der größten Wohnhäuser Bergedorfs neben der Messtorff-Villa entstand 1896 an der Lamprechtstraße 6 für den Mehlfabrikanten Friedrich Kufeke im traditionellen Schweizerhaus-Stil. Später war in dem heutigen Mehrfamilienhaus über lange Jahre das Gesundheitsamt untergebracht. Schräg gegenüber liegt die neobarocke Seniorenresidenz Villa Luise am

Duwockskamp 1, deren Gebäude von 1911 bis 1931 die Luisenschule nutzte und seit Kriegsende zum Bezirksamt Bergedorf gehörte. Wir schlendern den Duwockskamp hoch und nehmen die malerisch-romantische Villa Nummer 23 mit Türmchen und Fachwerkelementen von 1890 etwas genauer in Augenschein. Am Ende biegen wir links in den Pfingstberg ein und gehen auf der anderen Straßenseite bis zur Kurve.

11 LUISEN-GYMNASIUM

Schon 1844 stand hier ein erstes Gebäude in Form eines Holzpavillons, der Ausflüglern als Gaststätte diente und 1849 Hoffmann von Fallersleben, den Dichter des „Lieds der Deutschen", der späteren Nationalhymne, für mehrere Wochen beherbergte. Eine Wasserheilanstalt hatte hier von 1861 bis 1866 nur ein kurzes Zwischenspiel. Im Jahre 1870 eröffnete die Gastwirtschaft „Bellevue" (Abb. 25), wo der dreizehnjährige Johannes Brahms für einen Tageslohn von 3 Mark und freie Zeche auf dem Klavier spielte. Ein Gebäudeflügel war dabei dem ehemaligen Ausflugslokal Frascati entnommen worden. Nach einem Brand wurde das Hotel 1895 in noch größeren Dimensionen wieder aufgebaut, aber bereits gut dreißig Jahre später nach längerem Leerstand für den Neubau der Luisenschule abgebrochen (Abb. 26). Die 1888 gegründete Lehranstalt für höhere Töchter wurde 1921

25 HOTEL BELLEVUE, 1894

26 LUISENSCHULE, 1948

mit der Elisabethschule und der Lyzealklasse der Mädchenschule Brauerstraße zusammengelegt, über die Jahre waren alle Lehrinstitute in verschiedenen Gebäuden im Villenviertel untergebracht. 1931 konnten dann 350 Schülerinnen in den langgezogenen Backsteinkomplex am Reinbeker Weg 76 einziehen, der von Fritz Schumacher innerhalb von zwei Jahren gebaut worden war und den Kenner wegen seiner klaren Gliederung und des schmückenden Ziermauerwerks für eines der gelungensten Gebäude des Oberbaudirektors halten. An der Bushaltestelle vor der Schule ist eine Stele mit der Bronzegruppe „Tanzende Vierländer" von Hartlieb Rex nach einer Vorlage von Hans Förster zu sehen. Eine Besonderheit weist das Innere des Schulgebäudes auf: Die beiden Sporthallen sind samt Umkleidekabinen ins Gebäude integriert. Nach heutigen Maßstäben würden sich Lehrer und Schüler des Luisen-Gymnasiums wohl großzügiger geschnittene Klassenräume wünschen. Diesen Mangel machen allerdings die großzügigen Außenanlagen samt Waldspielplatz wieder wett. Der hohe Aulaflügel vis-à-vis zum Stadion hatte unter anderem den Nebenzweck, dass er den damals als unschön empfundenen Wasserturm verdeckte.

12 BERGEDORFER GEHÖLZ

27 WASSERTURM, 1904

Wir gehen nun zwischen Alt- und Neubau hindurch bis zum Fuß des dreißig Meter hohen Wasserturms (Abb. 27), der 1902 als Wasserspeicher von der Stadt Hamburg errichtet wurde, um eine gleichbleibende Wasserqualität des Viertels sicherzustellen. Wie für seine Entstehungszeit üblich, zeigt er sich als stolzes Bauwerk des Fortschritts. Im Inneren befand sich ein metallener Hochbehälter, dessen Schale in Form eines kegelförmigen Schaftes hochgemauert wurde. Der zylindrische Aufsatz ragt kelchförmig aus dem Abschlussgesims des Schafts hervor. Die Kup-

28 BERGEDORFER GEHÖLZ, UM 1890

29 SCHIESSTAL, UM 1890

pel wird von einem schmiedeeisernen Gitter umgeben. Bis 1973 wurde der Wasserturm genutzt und 1982 an Privatleute verkauft. Zeitweilig wurden die Räume an Touristen vermietet.

Vom Wasserturm blicken wir auf die weitläufige Waldfläche hinunter. Das für norddeutsche Verhältnisse recht steile Bergedorfer Gehölz bestand ursprünglich aus einem Eichenwald, zu dem sich heute Fichten sowie Buchen, Birken und Linden gesellen (Abb. 28). Die höchsten Erhebungen wie der Fuchsberg auf Wentorfer Seite und Hamburgs längste Schlittenbahn, der Doktorberg mit einer eintausend Meter langen Rodelfläche, sind fünfzig Meter hoch. Ab 1813 hatte dieses Waldstück sehr unter den Abholzungen durch verschiedene Besatzer zu leiden, wurde aber danach wieder gründlich aufgeforstet. Seit dem Bau der Eisenbahnlinie nach Hamburg entwickelte sich das Gebiet zum beliebten Ausflugsziel der Großstädter. In einem Vertrag zur Nutzung des sogenannten „Lustholzes" wurde dessen Erhaltung schon früh festgeschrieben. Wir wandern nun zwischen Wald und Schulneubau hindurch bis zum tieferliegenden Billtalstadion.

Seit dem Jahre 1855 veranstaltete die Bergedorfer Schützengesellschaft hier im sogenannten Schießtal (Abb. 29) alljährlich Anfang Juli drei Tage lang das Bergedorfer Schützenfest, das bei guter Witterung zeitweilig bis zu 30 000 Besucher anzog. Um größere Sportveranstaltungen in Bergedorf organisieren zu können, wurden 1949/50 150 „Alfu-Arbeiter" – das ist die Kurzform für „Arbeitslosenfürsorgeunterstützungsempfänger" – quasi als ABM-Maßnahme dazu abgestellt, ein Stadion mit 25 000 Steh- und

30 BAU DES BILLTALSTADIONS, 1949/50

31 VILLA AM REINBEKER WEG, 1894

1500 Sitzplätzen für Bergedorf zu errichten (Abb. 30). Für die Stufung der umlaufenden Tribünen war die Hanglage optimal, zum Reinbeker Weg wurden breite Treppenaufgänge angelegt. Tribüne und Umkleiden liegen auf der gegenüberliegenden Seite am Daniel-Hinsche-Weg. Nach der Einweihung wurde das Stadion vielfältig genutzt: Seifenkistenrennen, Hunderennen, ein Spiel des HSV gegen die indische Nationalmannschaft. Der ASV Bergedorf 85 feierte hier Heimsiege gegen den FC St. Pauli, Bremen und Kiel, kassierte aber auch eine Niederlage gegen den HSV. Die Zeiten solch fußballerischer Großereignisse sind allerdings längst vorbei, und das 2009 sanierte Stadion dient heute vor allem den Bergedorfer Schulen und Vereinen. An weiteren eindrucksvollen Villen vorbei schlendern wir den Reinbeker Weg hinunter (Abb. 31) und biegen an der dritten Querstraße rechts in den Hermann-Distel-Weg. Bei der Nummer 25 halten wir an.

13 HANSA-GYMNASIUM

Der Unterricht an der 1883 gegründeten höheren Bürgerschule fand zunächst in einem Privathaus am heutigen Neuen Weg 21 statt. 1886 erfolgte der Umzug in einen eher schlichten Backsteinbau an der Wentorfer Straße 13, und mit über 600 Schülern zog die Hansaschule 1914 schließlich in das von Fritz Schumacher im Reformstil neu erbaute Schulgebäude am heutigen Standort. Die vier Stockwerke des Backsteinbaus werden unter einem Mansardwalmdach zusammengefasst, das mit einer umzäunten Plattform zur Himmelsbeobachtung abschließt, von der aus allerdings nur die Abiturienten einen Blick in die Umgebung riskieren dürfen. Traditionell wird hier der Weihnachtsbaum der Schule aufgestellt. Vier polygonale Pfeiler enden im Dachgeschossaufbau mit jeweils 2,25 Meter hohen Skulpturen des Hamburger Bildhauers Arthur Storch, die mythologische Gestalten darstellen. Am Pfeiler des Eingangsbogens ist eine Athena als Flachrelief zu entdecken. Mit Rücksicht auf die niedrigeren Nachbargebäude hält die gesamte Baulinie zwölf Meter Abstand zur Straße ein. Ursprünglich befanden sich Turnhalle und Aula der Schule im linken Seitenflügel, der 1969 einer Brandstiftung zum Opfer fiel. Erst 1987 wurde eine neue Turnhalle gebaut.

Im Jahr 1949 wurde die Bismarckstraße in Hermann-Distel-Weg umbenannt. Hier befindet sich wenige Schritte weiter mit der Nummer 31 noch das ehemalige Wohnhaus des Architekten Hermann Distel, das 1910 nach dessen Plänen im Württemberger Stil errichtet wurde. Das ebenfalls von ihm entworfene Mobiliar ist teilweise noch erhalten. Hermann Distel, der sich mit seinem Büro auf den Krankenhausbau spezialisiert hatte, erschuf in Hamburg über 200 Gebäude, darunter das Hauptgebäude der Hamburger Universität.

→ ABSTECHER ZUM MÖÖRKENWEG

Als einer der ersten Siedler an dieser Stelle errichtete Familie Biervert 1895 am heutigen Möörkenweg 18 das Tanzlokal „Gasthof Billtal“ und sechs weitere Wohnhäuser (Abb. 32). 1948 wurde die Gaststätte aufgegeben und vorübergehend von der Maschinenfabrik „Fette“ genutzt, seit 1952 wurden hier Liköre hergestellt. Der Bergedorfer Unternehmer Hans-Otto Gürtler kaufte die baufällige Anlage 1991, die dann auf Anregung des Vereins »Ateliers für die Kunst« mit finanzieller Unterstützung der Kulturbehörde, privater Sponsoren und der Künstler zum Atelierhaus um- und ausgebaut werden konnte. Mehrmals im Jahr finden hier Ausstellungen statt. Im

32 GASTHOF BILLTAL, 1900

33 WASSERPUMPE

Haus Nummer 22 befindet sich das Bille-Archiv des Tiermediziners Prof. vet. M. Möörken (1827–1900), der die gemeine Billekrabbe erforschte. Einmal jährlich versammeln sich seine Nachfahren hier zum gemeinschaftlichen Krabbenpulen.

Wir gehen rechts in Richtung Wald bis zum Wasserwerk, Nummer 45. Ein erstes privates Wasserwerk mit eigenem Wasserversorgungsnetz hatte hier der Unternehmer Carl Sievers 1885 errichten lassen, nachdem die Trinkwasserversorgung wegen des großen Bevölkerungswachstums in der Gründerzeit zum Problem geworden war. 1898 übernahm die Stadt die Anlage und ließ 1915 ein neues Grundwasserwerk bauen, das das Wasser fortan aus Tiefbrunnen schöpfte. Die alten Pumpen sind noch heute vorhanden (Abb. 33). Mit in den 1980er Jahren erneuerter Anlage befindet sich das Werk noch immer in Betrieb.

Am Ende des Wegs bietet sich nach Passieren des Schlagbaums ein Spaziergang in den Krähenwald an. In einer alten Eiche mit großen Mulmhöhlen lebt hier der seltene und vom Aussterben bedrohte Juchtenkäfer, der auch den schönen Namen „Eremit“ trägt. 1998 hat die Luftlande-Pionier-Kompanie 270 aus Wildeshausen hier die Neue Pionierbrücke aus sechzig Bergedorfer Eichen erbaut, die über die Bille führt und 2017 saniert wurde. Am anderen Ende des Möörkenwegs führen die 98 Stufen der sogenannten Hexentreppe zurück ins Villenviertel.

CAFÉS / RESTAURANTS

Achilleon
Holtenklinker Straße 78
www.achilleon-restaurant.de
→ *familiärer Grieche mit mediterraner Atmosphäre*

Café Flop – Unser Haus
Wentorfer Straße 26
www.facebook.com/CafeFlop
→ *alternatives Café, Events – die Öffnungszeiten variieren*

Miranda BBQ
Neuer Weg 28
www.miranda-bbq.de
→ *Tapas, Beef & Basics in der Willers'-schen Kate*

NICE Lounge
Wentorfer Straße 6
www.nice-lounge.de
→ *Shisha-Café – Mix aus modern & oriental*

November
Bergedorfer Straße 125
→ *Brunch, Mittagstisch, Drinks in gemütlichem Ambiente*

Café Raum und Zeit
August-Bebel-Straße 196
www.cafe-raum-und-zeit.de
→ *Brunch, Abendbuffets, Events unterm Sternenhimmel*

SushiBar2 Bergedorf
Bergedorfer Straße 138
www.sushibar-bergedorf.de
→ *kreative Sushi-Variationen auch außer Haus*

Trattoria Olivo
Am Brink 10
www.trattoria-olivo.de
→ *exzellente süditalienische Küche*

LÄDEN

Das Häuschen
Rektor-Ritter-Straße 16
www.arthausfamily.de
→ *Kunst & Floristik & Mode*

Kinderhütte & Vintagehütte
Holtenklinkerstraße 12
→ *Schönes aus zweiter Hand für Groß und Klein*

MARKS Einrichtungen
Am Brink 2–4
www.marks-einrichtungen.de
→ *Traditionshaus für exklusives Wohnen*

Ökohaus
Neuer Weg 21
www.oekohaus-hamburg.de
→ *Bio-Baumarkt mit individueller Beratung*

HOTELS

Mediterran – Hotel und Ristorante
Rothenhauschaussee 32
www.hotel-mediterran.de
➔ *italienische Küche und Gästezimmer unterhalb der Sternwarte*

FREIZEIT / SPORT

Billtalstadion
Daniel-Hinsche-Straße 50
➔ *Bergedorfs größte Sportstätte für 30 000 Besucher*

freie Kunstschule Bergedorf
Holtenklinkerstraße 79
www.freie-kunstschule-bergedorf.de
➔ *Kreativkurse für Kinder und Erwachsene*

Werkraum 107
Wentorfer Straße 107
www.werkraum107.de
➔ *Kreativwerkstatt mit Atelier und Garten*

KULTUR

BeLaMi
Holtenklinker Straße 26
www.belami-hamburg.de
➔ *Bar, Bistro, Biergarten – Lesungen und Konzerte*

Gojenberg.Geschichte.Gemeinsam
Gojenbergsweg 30 U
www.gojenberg.info
➔ *Nachbarschaftstreff für die historische Erinnerung*

Hamburger Sternwarte
August-Bebel-Straße 196
www.sternwarte-hh.de
➔ *Von Bergedorf zu den Sternen gucken*

Künstlerhaus Bergedorf
Möörkenweg 18 B–G
www.kuenstlerhaus-bergedorf.de
➔ *Kunstproduktion und Ausstellung im ehemaligen Gasthaus „Billthal"*

Lohbrügger Bürgerbühne
Neuer Weg 54
www.buergerbuehne.de
➔ *plattdeutsches Theater mit 53 Plätzen*

Skulpturenlandschaft
Schulenbrooksweg 18
www.skulpturenlandschaft.eu
➔ *Skulpturen, Plastiken, Open-Air-Installationen*

SOZIALES / NON-PROFIT

MöbelBergedorf
Brookkehre 32
www.sprungbrett-hh.de
➔ *Sozialkaufhaus für Möbel und Haushalt*

Tauschkiste
Am Brink (Grünstreifen)
➔ *Tausch von Dingen aller Art*

VOM ALTEN SÜDBAHNHOF IN DIE VIERLANDE 4

Alter Südbahnhof * Bergedorfer Zeitung/Energie-Campus * Rieckhaus * Curslack * Neuengamme * KZ-Gedenkstätte Neuengamme * Altengamme * Hof Eggers * Kirchwerder * Riepenburg * Zollenspieker

STARTPUNKT: Neuer Weg 39
ENDPUNKT: Zollenspieker Hauptdeich 141
DAUER: etwa 4 Stunden mit dem Fahrrad

Noch mehr als die ersten drei Touren in diesem Buch verdeutlicht dieser Rundgang die Vielschichtigkeit der Metropole Hamburg. Ein erster Blick auf die Landkarte lässt das Gebiet der Vier- und Marschlande wie eine aufgeklappte Auster erscheinen, die viele Perlen bereithält. Das seit dem 12. Jahrhundert eingedeichte Gebiet teilten die sächsischen Herzöge und Grafen von Holstein in Marschhufen von 38,6 Hektar ein, deren Vergabe in freier Erbleihe erfolgte und die bis heute in Bauernhand verblieben sind. Gemeinsam mit Bergedorf gehörten die vier Marschhufendörfer Curslack, Neuengamme, Altengamme und Kirchwerder von 1420 zusammen mit Geesthacht und dem halben Sachsenwald bis 1867 zur beiderstädtischen Verwaltung Hamburgs und Lübecks. Bis ins 19. Jahrhundert gab es hier fast gleichbleibend etwa 150 Hufnerstellen – fünf Sechstel des Bodens befanden sich damit in bäuerlichem Grundbesitz. Der Rest gehörte Kätnern und Kleinbesitzern, die seit dem 18. Jahrhundert ihre Parzellen für Erwerbszwecke nutzten – erste „Grünhöker“, die Gemüse anbauten, gab es seit 1673. Auf die traditionelle Getreidewirtschaft folgte der Anbau von Obst, Gemüse und Blumen wie Erdbeeren, Kirschen, Tomaten, Rhabarber, Stiefmütterchen, Tulpen und Maiglöckchen. Vierländer Bauern gehörten im 18. Jahrhundert mit Abstand zu den wohlhabendsten Bauern Norddeutschlands, was zum einen am fruchtbaren Marschboden

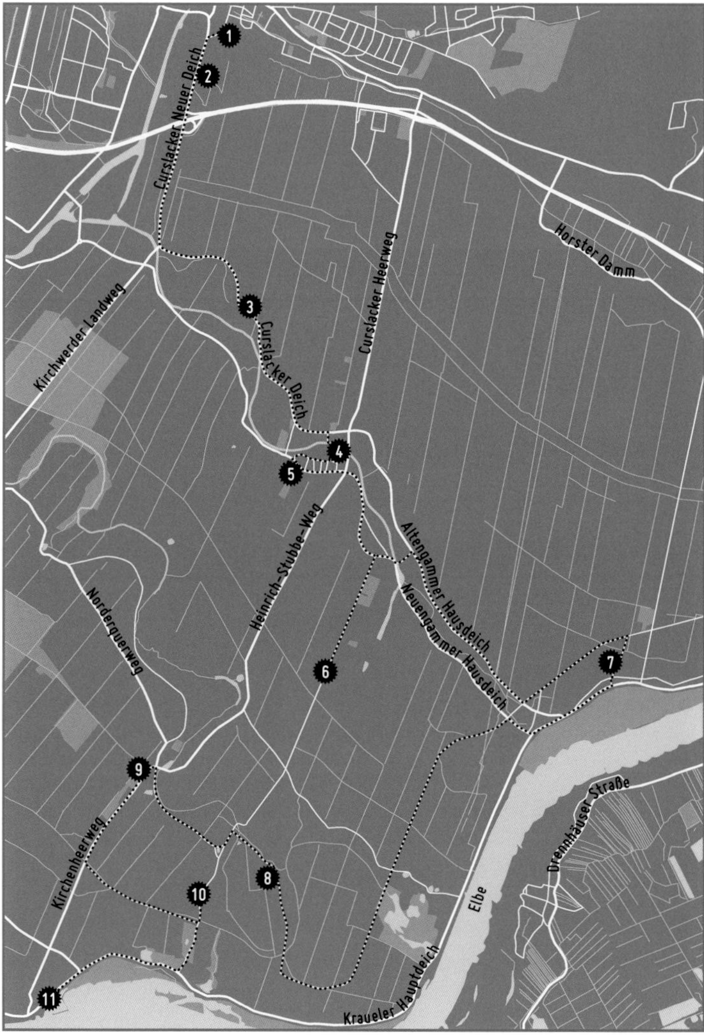
Curslacker Neuer Deich
Horster Damm
Curslacker Heerweg
Kirchwerder Landweg
Curslacker Deich
Altengammer Hausdeich
Neuengammer Hausdeich
Heinrich-Stubbe-Weg
Norderquerweg
Kirchenheerweg
Drennhäuser Straße
Elbe
Kraueler Hauptdeich
1
2
3
4
5
6
7
8
9
10
11

lag, zum anderen aber an der Nähe zu Hamburg. Der Erfolg zeigte sich an den prunkvollen Häusern und Kirchen, einem blühenden Intarsienhandwerk und der aufwendigen Vierländer Tracht. Bis zu Beginn des 20. Jahrhunderts lag die Vierlande abseits vom modernen Verkehr, so dass die Marktbeschickung mit Schubkarren, Pferdewagen und dem Ewer erledigt werden musste. Wie überall ist auch im größten zusammenhängenden Blumen- und Gemüseanbaugebiet Deutschlands der strukturelle Wandel der Agrarwirtschaft heute deutlich spürbar. Seit den 1950er Jahren nimmt die Zahl der Erzeuger stetig ab, und Flächen, die früher landwirtschaftlich genutzt wurden, werden zu Neubaugebieten oder zu ökologischen Ausgleichsflächen der Stadt. Der Mitmachgartenbau dagegen erfreut sich wachsender Beliebtheit, und auch die touristische Wirtschaft des Landgebiets wächst immer weiter. Ein Fehler sollte einem Gast in den Vier- und Marschlanden übrigens auf gar keinen Fall unterlaufen: sie nämlich mit dem Obstanbaugebiet Altes Land zu verwechseln.

Für diese Tour nehmen wir das Fahrrad. Die Strecke lässt sich wegen ihrer Länge auch gut in mehrere Abschnitte unterteilen. Sie beginnt am Bahnhof Hamburg-Bergedorf Süd und widmet sich entlang der langgestreckten Deiche den vier Dörfern Curslack, Neuengamme, Altengamme und Kirchwerder. Dabei reicht der Blick von der weit zurückliegenden Vergangenheit der ehemaligen Festung Riepenburg über die fast ebenso alten Kirchspiele und die Zeit, in der die Nationalsozialisten in Neuengamme ein Konzentrationslager errichteten, bis zum heutigen Aufbruch in ein neues Energiezeitalter.

1 ALTER SÜDBAHNHOF

Die Vierlande und auch das damals zur Hamburger Landherrenschaft gehörende Geesthacht gewannen vor der Wende zum 19. Jahrhundert agrarwirtschaftlich erheblich an Bedeutung, so dass täglich immer mehr Obst und Gemüse nach Hamburg transportiert werden musste. Aufgrund der schlechten Straßenverhältnisse geschah dies überwiegend auf dem Wasserweg. Bedarf für einen Bahnhof ergab sich zudem in Geesthacht für den Unternehmer Alfred Nobel, der dort Sprengstoff herstellte, welcher genauso wie die Arbeiter bewegt werden musste. Auch Rudolf Sieverts von der Stuhlrohrfabrik in Bergedorf und andere Bergedorfer Geschäftsleute standen dem Projekt einer privaten Bahn nach Geesthacht positiv gegenüber. Nach Gründung einer AG konnte 1906 der Betrieb aufgenommen werden. In 27 Minuten gelangten die Fahrgäste über Bergedorf – Holtenklinke – Börnsen – Escheburg – Besenhorst – Düneberg (Pulverfabrik) nach Geesthacht (Abb. 1). 1912 wurde dann auch die Strecke in die Vier- und Marschlande fertiggestellt, die über Pollhof – Curslack-Neuengamme – Kirchwerder-Nord in 25 Minuten zum Zollenspieker führte. Das Empfangsgebäude des Bahnhofs Hamburg-Bergedorf Süd von 1906 gilt als frühes architektonisches Beispiel der Heimatstil-Bewegung. 1912/13 kam das giebelständige Fachwerkgebäude für eine Bahnhofsgaststätte mit Wohnräumen hinzu. Im rechten Anbau befand sich der Güterschuppen. Der ehemalige Lokschuppen mit Treppengiebel, das Verwaltungsgebäude, Gleisanlagen, die Ladestraße mit Rampe und die Fahrzeugwaage sind ebenfalls noch vorhanden (Abb. 2). Auf der zunächst eingleisigen Strecke wurde „auf Sicht" gefahren, der Lokführer musste also buchstäblich selbst nach Hindernissen ausschauen. Am 30.12.1916 stießen bei einer solchen „Sichtfahrt" zwei Personenzüge kurz vor Bergedorf zusammen – es gab vier Tote und 35 Verletzte.

1 + 2 PLAKAT DER BERGEDORF-GEESTHACHTER EISENBAHN UND BAHNHOF BERGEDORF-SÜD, 1907

Mit der verstärkten Aufrüstung seit 1935 wurde Geesthacht zu einem der bedeutendsten Produktionsorte der Kriegsindustrie, weshalb die Bahnstrecke im Zweiten Weltkrieg von den Alliierten aus strategischen Gründen oft bombardiert wurde. Ab 1942 erhielt die Vierländer Bahn ein Anschlussgleis, auf dem Häftlinge – oft in Viehwaggons – ins KZ Neuengamme gebracht wurden. Außerdem nutzten Firmen, die sich als Profiteure der KZ-Wirtschaft im Lager angesiedelt hatten, die Strecke zum Abtransport der von Häftlingen hergestellten Rüstungsgüter und Baumaterialien. 1953 wurde der Personenverkehr auf der Strecke aufgrund mangelnder Nachfrage und Unrentabilität eingestellt. Größere Proteste dagegen blieben aus, da der Verkehr auch durch Busse sichergestellt werden konnte. Die alten Bahnstrecken in den Vierlanden wurden seit 1956 in Radwege umgewandelt, von den Bahnhofsgebäuden werden einige noch heute gastronomisch genutzt. Die Arbeitsgemeinschaft Geesthachter Eisenbahn e.V. bietet regelmäßig Museumsfahrten mit der historischen Dampflok „Karoline“ an (www.geesthachter-eisenbahn.de). Über eine Wiederaufnahme des Personenbahnverkehrs wird vor allem auf Geesthachter Seite immer wieder diskutiert.

Seit über 25 Jahren wird der Alte Bahnhof nun als Künstlerhaus genutzt. Als einer der letzten Pioniere lebt und arbeitet hier der vielseitige Künstler Oliver Hertel an Ölgemälden und anderen Malereien, Video-Audio-Arbeiten und praktiziert außerdem Performancekunst. Vor allem aber widmet er sich seinen „Baumseelen“ und Mönchsskulpturen, die er mit dem Beil aus Holzklötzen herausarbeitet. Hertel gehört zu den Initiatoren der renommierten Bergedorfer Kunstschauen. Wir lassen den Bahnhof hinter uns und biegen links in den Neuen Weg ein.

2 BERGEDORFER ZEITUNG / ENERGIE-CAMPUS

Wir passieren zunächst Bergedorfs Multifunktionsplatz, den Frascatiplatz. 1905 wurde diese Fläche zum öffentlichen Spielplatz und seitdem im Winter auch zur Eisbahn. Schulen hielten hier ihren Turnunterricht ab, jedoch war der Platz wegen oftmaliger Überschwemmung und des häufigen Westwinds, der den Fabrikrauch herüberwehte, nie sehr beliebt. Wenn nicht Veranstaltungen wie Zirkus, Jahrmarkt, Bergedorfer Bautage oder das Food Truck Festival stattfinden, darf hier geparkt werden. Am Curslacker Neuen Deich überqueren wir die Straße und fahren links bis zur Nummer 50.

Bereits 1824 versuchte sich der Verleger A. Meldau an einer Sonntagszeitung, die zuerst „Bergedorfer Bote“ und wenig später „Bergedorfer Wochenblatt“ hieß. 1842 wurde das Blatt an Christoph Marquard Ed verkauft, der es 1846 in „Eisenbahn-Zeitung“ umbenannte und den Verlag 1865 nach Lübeck verlagerte. Im selben Jahr begann eine Bergedorfer genossenschaftliche Druckerei mit der Produktion einer Zeitung mit dem Namen „Nordischer Curier“, die allerdings erfolglos war, 1868 von dem Verleger Friedrich Bleidorn gekauft und endlich in „Bergedorfer Zeitung“ umgetauft wurde. 1883 übernahm Carl Eduard Wagner das kriselnde Blatt und brachte es schließlich zum Erfolg. Nach kriegsbedingter Einstellung der Zeitung zwischen 1942 und 1949 erschien die erste Ausgabe der Zeitung nach dem Zweiten Weltkrieg am 1. Oktober 1949 in einer Druckauflage von 20 000 Exemplaren. Nach 1957 expandierte der Verlag, stellte hier auch die „Lauenburgische Landeszeitung“ mit dem „Schwarzenbeker Tageblatt“ und der „Geesthachter Zeitung“ her und zog 1965 nach vielen Jahrzehnten am Bergedorfer Markt in das heutige Gebäude am Curslacker Neuen Deich. Ein prominenter Mitarbeiter der Zeitung war Axel C. Springer, der 1931/32 hier arbeitete und ab 1970 Anteile an der Bergedorfer Druckerei erwarb, bis sein Verlag schließlich 1974 Hauptgesellschafter wurde und die BZ eine hundertprozentige Springer-Verlagstochter. Ein anderes bekanntes früheres Redaktionsmitglied ist der Vatikanexperte und Buchautor Andreas Englisch, der Mitte der 1980er Jahre ebenfalls für die Zeitung geschrieben hat.

Wir fahren nun weiter Richtung Autobahn und kommen an einem neuen Wohnquartier namens Schilfparkquartier und dem Energie-Campus am Schleusengraben vorbei (Abb. 3). Am Energie-Campus forscht

3 + 4 ENERGIE-CAMPUS UND SCHIEFE BRÜCKE IN CURSLACK, 1911

das Technologiezentrum des Competence Center für Erneuerbare Energien und EnergieEffizienz (CC4E) der HAW Hamburg bereits seit 2015 an innovativen Lösungen und neuen Konzepten für die Energiewende. Mit dem Energie-Campus soll ein „Silicon Valley“ der Erneuerbaren Energien in Hamburg entstehen, wo sich zukünftig viele weitere Unternehmen aus dem Bereich einer zukunftsfähigen Energiewirtschaft niederlassen sollen. Seit 2019 hat sich auch das Fraunhofer-Institut für Windenergiesysteme (IWES) hier angesiedelt, um in einem Großprüfstand Rotorenblattlager mit bis zu sechs Metern Durchmesser zu testen. Nahe der Autobahnausfahrt Curslack befinden sich fünf Anlagen zur Windgewinnung der Zwei- bis Drei-Megawatt-Klasse, die seit 2017 in Betrieb und in die Forschungsarbeit des CC4E integriert sind. 2020 standen in den gesamten Vier- und Marschlanden 31 Windkrafträder, deren Bau allerdings selten ohne Proteste von Anwohnern verwirklicht werden konnte.

Wir überqueren die A25 und radeln an mehreren norwegischen Holzhäusern entlang, die seit 1992 Geflüchteten Wohnraum bieten. An der Schiefen Brücke (Abb. 4) haben wir nun mehrere Möglichkeiten, die Tour fortzusetzen: Dem Hinweisschild „Rieckhaus“ folgend führt uns die Hauptstrecke links über den Curslacker Deich mit seinen malerischen Bauernhäusern. Naturliebhaber können vor der Brücke aber auch rechts

VIERLÄNDER TRACHT

Wie alle Trachten dient die Vierländer Tracht dazu, über einen gemeinsam abgestimmten Kleidungsstil eine bestimmte regionale Identität sichtbar zu machen. Eine besondere Funktion der aufwendigen Tracht bestand zudem darin, den erheblichen Wohlstand der Region zu demonstrieren und sich dabei von den Städtern abzugrenzen. Auf dem Hamburger Großmarkt galt die Vierländer Tracht von 1790 bis 1920 als unverkennbares Markenzeichen und wurde auch später noch als solches in der Werbung eingesetzt. Seit 1954 macht die Margarine-Marke Rama mit einer – allerdings über die Jahre verfremdeten – Vierländerin in Tracht Reklame. Die folgende Auflistung mag den Aufwand verdeutlichen, den die Herstellung und das Anlegen der typischen Tracht bedeuteten:

Männer: schwarzer Zylinderhut, graue Wollhandschuhe, braunes Oberkamisol mit weißen Metallknöpfen (42 bis 54 Stück), karmesinfarbene Unterjacke mit halbkugeligen Silberknöpfen, weiße Flanellunterjacke mit weißen Metallknöpfen, braune Wollvorärmel, schwarzes Kattunhalstuch, weißes Leinenhemd mit silbernen Halsknöpfen, Brustschnelle und Ärmelknöpfe, schwarze Hose aus Baumseide mit drei großen und 14 kleinen Silberknöpfen, Baumwollstrümpfe mit Strapsen, gelbe Lederunterstrümpfe, lange schwarze Lederstiefel.

Frauen: blaue Frauenhaube, rote Mütze mit Nesselschleife, die an Mühlenflügel erinnert, Rundhut aus Binsen, Halstücher aus Seide oder Wolle, besticktes Hemd, mit Würfelmuster bestickte blaue Schürze, langer brauner Faltenrock, Jacke mit Stickereien und silbernen Knöpfen, silbervergoldete Hemdspange, Brustkette, bunt besticktes Miedertuch, weiße Strümpfe.

„Auf der Böge“ an der idyllischen Dove Elbe entlangfahren und sich am Ende – links halten! – beim Rieckhaus wieder auf die Hauptroute der Tour begeben. Auch der Neuengammer Hausdeich auf der anderen Uferseite hat reizvolle Architektur zu bieten.

3 RIECKHAUS

Nachdem unser Weg einige Windungen gemacht hat, gelangen wir an unseren ersten Halt am Curslacker Deich 284. Das älteste noch erhaltene Fachhallenhaus der Vierlande, vor dem wir uns nun befinden, stammt von 1533 (Abb. 5 + 6). Vom Parkplatz führt eine Brücke über den Entwässerungsgraben in den früheren Küchengarten, den „Krühof“, der spätestens seit der Franzosenzeit mit Buchsbaum eingefasst ist und zum Ziergarten umgestaltet wurde. Auf dem Weg zum Eingang mit der zweigeteilten „Klöndör“ steht ein weißes Regal – die Drögmaschine zum Trocknen der Töpfe und Pfannen. Beim Blick auf das Haus fällt auf, dass sich an der Gartenseite größere Fenster befinden als an der Straße. Dies ist der damaligen Fenstersteuer geschuldet, die Eigentümer entsprechend der Zahl und Größe ihrer Fenster zu entrichten hatten, aber nur für die Straßenfront galt. Unter den Fenstern sorgen Belüftungsklappen für die Luftzirkulation, weil das sogenannte Rauchhaus ohne Schornstein erbaut wurde. Ein solches Haus hatte seine Vorteile: Schinken und Würste wurden au-

5 + 6 INNENANSICHTEN DES RIECKHAUSES, 1922 UND 1913

tomatisch geräuchert, der Teer schützte die Balken, das Getreide wurde nicht muffig. Nachteilig waren die ständige Brandgefahr und der beißende Rauch. Die Familie lebte hier mit vier Mägden und fünf Knechten, Pferde und Kühe standen auf der rechten Hausseite. Der Ausdruck „Ich muss mal zu Tante Meier" kommt daher, dass die Bewohner durch den Kuhstall, also die Meierei, zum „Donnerbalken" gingen. Auf dem sogenannten mittigen Flett spendete ein offener Bodenherd Wärme. In Feuernähe stehen zwei Alkoven: jeweils einer für Männer und einer für Frauen. Man schlief dort im Sitzen, weil der Aberglaube vorherrschte, dass sonst die Seele in den Himmel wandern könnte. Im Winter wurde auch um die Feuerstelle geschlafen. Hinter dem Herd liegt das Kammerfach mit dem Altenteil „Lütt Döns" auf der linken Seite, der mittigen Speisekammer und dem Wohnteil der Familie, der „Groot Döns", zu der ein Alkoven für die Eltern und einer für die Kleinen gehörte. Die Wände des Altenteils zieren holländische Fliesen, die – sämtlich Unikate – mit Motiven aus dem Alten und dem Neuen Testament bemalt sind. Unter der Bank in der Bauernstube wurden im Winter etwa sechzig Stubenküken ausgebrütet, um nach zwei Monaten auf dem Hopfenmarkt, wo mit lebenden Tieren gehandelt wurde, für die ersten Einkünfte des Frühjahrs zu sorgen.

Wir treten aus dem Viehstall wieder ins Freie und erblicken den letzten Heubarg – eine offene Scheunenform für ungedroschenes Getreide –, der 1954 aus Allermöhe geholt wurde (Abb. 7). Mit einer Winde können sechs Mann das Dach herauf- und herunterfahren, um das Getreide vor Regen und Sturm zu schützen. Das rechts dahinterliegende Backhaus wurde erst vor Kurzem erbaut. Zu Festen wird hier vom lokalen Bäcker gebacken. Die letzte Feldentwässerungsmühle der Region stand seit 1928 außer Dienst und wurde 1953 aus Ochsenwerder hierhergebracht.

7 HEUBARG, 1934

 Seit 2004 wird immer im Juni am Rieckhaus das beliebte Erdbeerfest veranstaltet.

Wir fahren weiter Richtung Ortskern. Auf Höhe des Hauses Nummer 179 E führt auf der gegenüberliegenden Seite der alte Marschbahndamm nach Bergedorf. Wir biegen bei der Feuerwehr rechts ab zum Alten Bahnhof.

4 CURSLACK

Der Dorfname Curslack leitet sich von der Bezeichnung „Cuwerslake" ab: eine flache Sumpflandschaft, die immer wieder Überflutungen ausgesetzt ist. Das Bahnhofsgebäude der ehemaligen Haltestelle Curslack/Neuengamme wurde 1912 im Neuvierländer Stil erbaut (Abb. 8). Seit Schließung der Bahnstrecke 1953 wird das Haus zusammen mit dem vor allem am Vatertag sehr beliebten Biergarten gastronomisch genutzt. Gegenüber der Gaststätte liegt die Heimstätte des Fußballvereins SV Curslack-Neuengamme, der in der Oberliga spielt – das Stadion Gramkowweg bietet 2000 Plätze. Wir fahren wieder zurück zum Curslacker Deich und folgen dem sich durch die Landschaft windenden Deich bis zur Kirche St. Johannis (Abb. 9).

Da Curslack bereits 1217 erwähnt wird, ist auch von der Existenz einer Kirche zu dieser Zeit auszugehen, wenngleich auf einer steinernen Tafel in der Nordwand der Kirche das Datum 1603 angegeben wird. Beim Umbau 1599/1603 wurden noch alte Feldsteine verwendet, nur die Südwand des Baus sowie die Kanzel stammen aus der bezeichneten Zeit. Durch Anbauten verwandelte sich das Längsschiff 1802 in eine Kreuzkirche, die 1978/79 aufwendig erneuert wurde. Der Barockaltar des Bildschnitzers Hermann Fick von 1688 stammt zum Teil aus der 1944 zerstörten Dreifaltigkeitskirche in Harburg. Bei den ehemaligen Bankreihen für

8 BAHNHOF CURSLACK/NEUENGAMME IN DEN 1920ER JAHREN

die männlichen Kirchenbesucher fallen 55 schmiedeeiserne Hutständer auf – eine weitverbreitete Tradition in der Region. Das in blau gehaltene Kirchgestühl von 1803 wird durch alte Namensschilder und geschnitzte Gesangbuchkästen aus dem 17. und 18. Jahrhundert geschmückt. Seitdem die Bänke 1903 blau gestrichen wurden, wird auch von der „Blauen Kirche zu Curslack" gesprochen. Das älteste handgestickte Kissen im Kirchenraum stammt von 1702. Der Orgelboden von 1621 zwischen Altar und Kanzel zeigt Szenen aus dem Alten Testament. Darunter befindet sich, für eine protestantische Kirche eher ungewöhnlich, ein Beichtstuhl von 1775. Die alten Pfeifen der mehrfach umgebauten Orgel von 1622 sind bis heute erhalten geblieben und wurden 1971 ergänzt. Auch die „reine" barocke Stimmung im Gegensatz zu der von Johann Sebastian Bach propagierten „harmonischen" Stimmung ist geblieben. Wegen des weichen Marschbodens stehen alle Vierländer Kirchen getrennt von ihrem Kirchturm mit seinen schweren Glocken. Die älteste Glocke stammt aus dem Jahr 1642, die Spitze des Turms von 1591 geht auf einen Entwurf des Michelbaumeisters Ernst Georg Sonnin aus dem Jahr 1761 zurück.

9 ST. JOHANNIS

Gegenüber der Kirche führt der „Foortstegel" zur Fußgängerbrücke über die Dove Elbe und direkt ins benachbarte Neuengamme.

5 NEUENGAMME

Im Jahre 1212 wurde Neuengamme, als „Neue Erde", zuerst urkundlich erwähnt. Über lange Zeiten konnten sich die Neuengammer und Curslacker nur mittels des Fährverkehrs über die Dove Elbe besuchen. Die Brückenverbindung, die wir nun nutzen, stammt von 1899 und endet im malerischen Stegelviertel mit altem Kopfsteinpflaster und einigen hutzeligen

10 ÄLTESTES HAUS VON NEUENGAMME, 1908

11 NEUENGAMMER KIRCHE

Bauernhäusern. Nachdem wir die Brücke passiert haben, fahren wir direkt auf das älteste Haus von Neuengamme zu (Abb. 10). Das sehr gut erhaltene Fachwerkhaus mit der Nummer 23 stammt aus dem Jahr 1440. Danach biegen wir rechts in die Straße „Achter de Wisch" und schlendern durch die kleinen Gassen der einzelnen Stegel bis zum Karkendamm. Der Feldstegel führt zur Neuengammer Kirche, die ebenfalls St. Johannis geweiht ist und im 13. Jahrhundert gebaut wurde (Abb. 11). Das Feldsteinmauerwerk an den Längsseiten stammt zum Teil noch aus dem ersten Bau. Besucher werden seit 1750 von einem freistehenden weißen Turm mit Glocken aus dem 15. Jahrhundert empfangen, wo ein offenbar lärmresistentes Falkenpärchen seit vielen Jahren seine Jungen großzieht. Über der einflügeligen Innentür des Brauthauses von 1619 befindet sich ein gotischer Spitzbogen. Gegenüber dem ältesten Grabstein der Vierlande von 1470 wird hier auf zwei Tafeln der Überflutungen von 1741 bzw. 1771 gedacht. Im Innenraum der im Vergleich eher schlicht gehaltenen Kirche fallen die historischen Intarsienarbeiten der Bankwangen ins Auge. Auch hier sind an den Bänken für die Männer die typischen schmiedeeisernen Hutständer zu finden. Wegen Holzwurmbefalls mussten zwischen 1956 und 1961 Emporen, Lauben und das Innengestühl der Kirche entfernt werden. Wenn wir wieder aus der Kirche heraustreten, befinden sich zu unserer Rechten die Grabsteine der Vierländer Maler Hans Förster (1885–1966) und Hermann Haase (1862–1934). An der Ostseite der Kirche können wir eine Arbeit Försters betrachten: ein St.

12 NEUENGAMMER PASTORAT, 1909

Johannis-Relief, das im Neuengammer Klinkerwerk gebrannt wurde.

Wir verlassen das Kirchengelände beim Turm und wandern links herunter zum Pastorat, das 1906 im Vierländer Heimatstil erbaut wurde (Abb. 12). In den weitläufigen Außenanlagen wurde für die historische Spielwoche, die hier allsommerlich für Kinder veranstaltet wird, eine Dorfanlage nachgebaut. Der ehemalige Pastor der Kirche, Jürgen Köhler, begann in den 1980er Jahren die Gedenkstättenarbeit für das nahegelegene ehemalige Konzentrationslager.

Zurück auf dem Neuengammer Hausdeich geht es rechts zu den Läden der „Neuengammer Meile" sowie zum Alten- und Pflegewohnheim „Talita Kum" (Nummer 249), das 1889 als „Schul- und Closethaus" erbaut wurde. Nach Überqueren des Curslacker Heerwegs, seit 1570 die erste Straßenverbindung zwischen Bergedorf und Zollenspieker, geht es weiter geradeaus bis zum Jean-Dolidier-Weg, in den wir rechts einbiegen, um an der Bushaltestelle „KZ-Gedenkstätte, Ausstellung" anzuhalten.

6 KZ-GEDENKSTÄTTE NEUENGAMME

Schon im Dezember 1938 wurde das Konzentrationslager Neuengamme als Außenlager des KZ Sachsenhausen eingerichtet (Abb. 13), wo die Häftlinge in Zwangsarbeit die Vierländer Tonvorkommen abbauen und auf der städtischen Fläche Klinkerware für die Bauvorhaben des NS-Regimes herstellen mussten. Die Schwerstarbeit bei gleichzeitigem Nahrungsmangel und schlechter Ausrüstung bestand in der Errichtung der Baracken, dem Bau des neuen Klinkerwerks, dem Tonabbau und dem „Kommando Elbe": Zwölf Stunden täglich mussten die Inhaftierten dabei mit Schubkarre und Schaufel im Laufschritt an der Verbreiterung der Dove Elbe

13 + 14 KONZENTRATIONSLAGER NEUENGAMME, 1941, UND GEDENKSTÄTTE HEUTE

arbeiten. Seit 1942 wurden die Zwangsarbeiter im KZ dann vor allem in der Rüstungsproduktion und in der Trümmerbeseitigung eingesetzt. Aus allen vom Deutschen Reich besetzten Gebieten Europas wurden dafür Juden, Widerstandskämpfer und Besatzungsgegner nach Neuengamme deportiert. Mehr als die Hälfte von ihnen stammte aus Osteuropa, gefolgt von Franzosen, Niederländern und Dänen. Als Lagerinsassen registriert wurden über 80 000 Männer und 13 500 Frauen – weitere 5900 blieben unerfasst. Die brutalen Lebens- und Arbeitsbedingungen sowie gezielte Hinrichtungen kosteten hier mindestens 42 900 Menschen das Leben. Viele Tausend Häftlinge kamen zudem kurz vor Kriegsende beim Abtransport in andere Lager oder durch die Bombardierung von Häftlingsschiffen um, so dass insgesamt von über 50 000 Toten ausgegangen werden muss. Nach Kriegsende nutzten die britischen Besatzer das Gelände als Internierungslager. Von 1948 bis 2006 betrieb die Stadt Hamburg hier trotz des Protests vor allem von ehemaligen Häftlingen eine Strafvollzugsanstalt. Bis in den umliegenden Dörfern offener über das mörderische Geschehen in der NS-Zeit gesprochen wurde, hat es lange gedauert. Um über die Geschichte der KZ-Außenstelle aufzuklären, laden der engagierte Mitarbeiterstab und Ehrenamtliche regelmäßig zu Veranstaltungen, Konzerten und Ausstellungen ein und folgen dabei einem Motto des spanischen Philosophen George Santayana: „Wer sich nicht an die Vergangenheit erinnert, ist dazu verdammt, sie zu wiederholen.“

Am Eingang der Gedenkstätte empfängt ein Service-Point mit Buchverkauf und vielfältigen Informationsmöglichkeiten die Besucher. Bereits an dieser Stelle vermittelt der ehemalige Appellplatz zusammen mit den aus Gabionensteinen geformten Grundmauern der ehemaligen Häftlingsblocks die monströsen Ausmaße des Lagers (Abb. 14). Links in einem ehemaligen Häftlingsblock neben dem Eingang befindet sich das Studienzentrum mit Archiv. Direkt gegenüber liegen die Räume der Hauptausstellung. Ein Rundgang führt zu einem Reichsbahnwaggon, den ehemaligen Walther-Werken, den ehemaligen SS-Garagen mit einer Ausstellung zum Wachpersonal, dem ehemaligen Klinkerwerk, dem Stichkanal mit dem Hafen und schließlich zum Haus des Gedenkens mit den Namen der Ermordeten. Hier erinnern zudem Gedenksteine an die Herkunft der Verstorbenen.

Wer die Tour abkürzen möchte, folgt nun dem Jean-Dolidier-Weg in Richtung Kiebitzdeich, fährt geradeaus in den Neuengammer Heerweg und biegt am Kirchwerder Mühlendamm links zum Hof Eggers ab. Die Haupttour führt zurück zum Neuengammer Hausdeich, an dem wir rechts abbiegen. Bevor wir links die blaue Brücke überqueren, können wir davor noch Überreste des ehemaligen Lagerzauns besichtigen. Hinter der Brücke rechts geht der Curslacker Deich in den Altengammer Hausdeich über, von dem wir bei der Nummer 10 links in den Radweg Altengammer Marschbahndamm einbiegen. Bei der Kirche halten wir an.

7 ALTENGAMME

15 ALTENGAMMER KIRCHE, 1911

Unter dem Namen „Antiqua Gamma“, Alte Erde, wird der östlichste Stadtteil Hamburgs 1237 zuerst urkundlich erwähnt. Nachdem die Vierlande fast restlos eingedeicht waren, erhielt die Dove Elbe zwischen Alten- und Neuengamme 1471 letzte schützende Deiche. Die

Kirche St. Nicolai stammt mit ihrem mit Feldsteinen beschichteten Chor aus dem Jahr 1247 (Abb. 15). Der heutige Haupteingang führt durch das Frauenbrauthaus, wo sich auch die plattdeutschen Gesangbücher befinden, direkt zum Frauengestühl auf der linken Seite. Das an der Decke mit Bauernmalerei geschmückte und direkt danebenliegende Männerbrauthaus wird heutzutage nur zu besonderen Anlässen geöffnet. An der blauen Decke einer der schönsten Bauernbarock-Kirchen Norddeutschlands prangen goldene Sterne und zwei gewaltige Kronleuchter von 1640 und 1719. Der Taufkessel aus Bronze stammt aus dem Jahr 1380. Auch hier schmückt sich das Gestühl mit Furnierintarsien, gestickten Kissen und kunstvoll geschmiedeten Hutständern. Ein Hutständer in Gestalt eines wilden Mannes sollte fremde Kirchenbesucher davon abhalten, Platz zu nehmen. Auch wenn die Ausstattung der Kirche über die Jahrhunderte von vielen verschiedenen Handwerkern gefertigt wurde, wirkt sie in ihrer Gesamtheit doch sehr harmonisch. Altar und Kanzel – beide mit Stuckmarmor verziert – stellte der Tischlermeister Harm Oelerich 1752 her. Der Beichtstuhl von 1784 diente vor allem der Katechismuslehre. Die Orgel aus dem Jahr 1751 stammt von Johann-Dietrich Busch, einem Schüler Arp Schnittgers. Ihre beiden oberen Zimbelsterne erklingen und drehen sich nur zu besonderen Anlässen, etwa an Heiligabend zur letzten Strophe von „O du Fröhliche". Im separat stehenden hölzernen Glockenturm hängt dank einer Spende seit 1804 die Celsa-Glocke von 1487, die ursprünglich im Hamburger Mariendom erklang. Die umliegenden Gebäude am Kirchenstegel im Ortskern Altengammes wie das gegenüberliegende Gemeindehaus im Vierländer Heimatstil (Nummer 11), die ehemalige Kirchenschule (Nummer 20) – bis 1913 die Dorfschule –, der ehemalige Krämerladen mit Gaststätte (Nummer 8) und das Kirchendienerwohnhaus (Nummer 9) bilden ein denkmalgeschütztes und nicht nur für Liebhaber der teilweise hier gedrehten ARD-Krimiserie „Nord bei Nordwest" sehr sehenswertes Ensemble.

→ ABSTECHER

Am Altengammer Elbdeich 4 liegt die 1876 erbaute Altengammer bzw. Borghorster Mühle (Abb. 16). Die Mühlenflügel des Galerieholländers wurden 1927 durch einen Sturm zerstört und der Betrieb in der Folge elektrifiziert. Danach wurde der Turm als Silo genutzt, und eine in einem Anbau befindliche Fünf-Tonnen-Feinmühle erledigte den Mahlgang. Seit 2010 wurde die baufällige Anlage von ihrem neuen Besitzer Martin Villinger aufwendig restauriert, wobei fünf Wohnungen und ein Atelier entstanden. Bei regelmäßigen Ausstellungen verschiedener Künstler versorgt das historische Mühlencafé die Besucher mit Kaffee und Kuchen.

Wenige Häuser weiter, am Altengammer Hauptdeich 82, steht seit 1715 das Voß'sche Haus (Abb. 17). Das Halbkreuzhaus mit fast komplett erhaltenem Fachwerk und zum Deich hin abknickendem Ziergiebel nebst Deichbrücke ist das einzig verbliebene Haus dieser Bauart in den Vier-

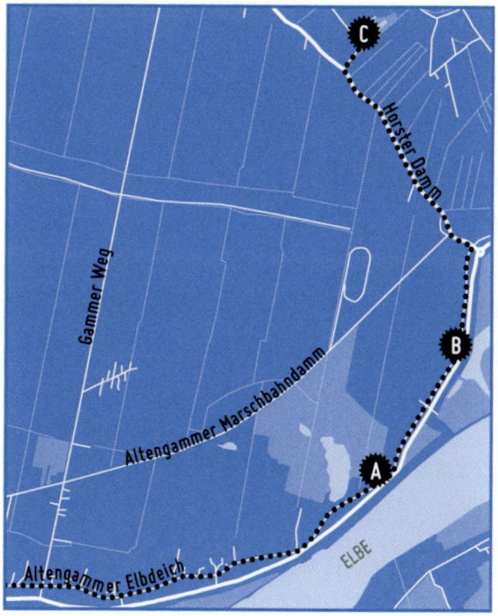

16 BORGHORSTER MÜHLE, 1917/18

17 VOSS'SCHES HAUS, 1715

und Marschlanden. Da sich hier schon früher eine Gaststätte mit Krämerladen befand, lag die Idee der neuen Besitzerfamilie Timmann nahe, das Bauwerk nach aufwendiger Renovierung 2015 wieder der Öffentlichkeit zugänglich zu machen. Regelmäßig wird auf der restaurierten Diele zu kulturellen Veranstaltungen, zum Weihnachtsmarkt und vielen weiteren Aktivitäten eingeladen. In den Sommermonaten gibt es Kaffee und Kuchen. Außerdem kann in Ferienwohnungen, in gemütlichen Holzhütten und im Baumzelt übernachtet werden.

Wer diese Tour im Sommer macht und eine echte Abkühlung sucht, der biegt nun links in den Horster Damm ein und folgt den Hinweisen zum Sommerbad Altengamme.

8 HOF EGGERS

Der Kirchenstegel mündet an der Elbe in den Altengammer Hauptdeich, in den wir nun rechts einbiegen. Vor uns liegt die Borghorster Elblandschaft, die teilweise als Ausgleichsfläche für das Kohlekraftwerk Moorburg dient. Auf der weitläufigen Fläche werden unter anderem die Diensthunde der Hamburger Polizei ausgebildet. Am Neuengammer Hausdeich verlassen wir den großen Elbdeich, um nach etwa 300 Metern links in den Neuengammer Marschbahndamm einzubiegen. An der Ecke steht eine Fachwerkkate (Nummer 23), die einst das Bahnhofsgebäude „Elbdeich" beherbergte. Kurz nach dem Überqueren des Kiebitzdeichs steht auf der linken Seite der ehemalige Bahnhof „Kiebitzbrack". Wir fahren den Hinweisschildern „Rundweg Zollenspieker" folgend weiter geradeaus den Kirchwerder Marschbahndamm entlang bis zur Freiwilligen Feuerwehr Krauel, hinter der wir rechts in einen Feldweg einbiegen, der direkt zum Hof Eggers führt.

18 + 19 HOF EGGERS, ALTER SPEICHER UND BIO-ZUCHTSCHWEINE

Hier erwartet uns keine für die Vierlande so typische Reihensiedlung, sondern ein Einzelhof auf einer geschützten Warft. Im Mittelalter gehörte dieser von keinem Deich geschützte Ohehof zur Riepenburg und war an Bauern verlehnt. Mehrere historische Gebäude wie etwa Hamburgs ältestes Wirtschaftsgebäude, der Kornspeicher von 1535, sind erhalten geblieben (Abb. 18). Auch die Bohlenfachwerkscheune aus dem Jahr 1632 und die Ziegelfachwerkscheune von 1840 mit dem Hofcafé erzählen bäuerliche Geschichte. Jenseits der Hecke auf der linken Seite liegt das reetgedeckte Vollhufnerhaus von 1834. Georg und Christine Eggers übernahmen den Hof, auf dem schon ihr Vorfahr Clawes Eggers 1552 Landwirtschaft betrieben hatte, im Jahr 1967. 1991 wurde der Betrieb komplett auf Biolandbau umgestellt und ist seit 2001 Demonstrationsbetrieb für ökologischen Landbau, dessen Kreislaufwirtschaft auf fünf Fruchtfolgen angelegt ist. Landwirtschaftlich genutzt werden 86 Hektar der 101 Hektar großen Fläche, während der Rest aus Biotopen, Wald und Gräben besteht. Die Kühe weiden auf fruchtbarem Kleegras, und das Fleisch der Rinder, Schweine, Schafe sowie die Weihnachtsgänse werden direkt vermarktet (Abb. 19). Seit 1997 kümmert sich der Freundeskreis Hof Eggers in der Ohe um den Erhalt und sorgt zugleich für viele Veranstaltungen. Ein Rundwanderweg informiert über den Ökolandbau und die heimische Tier- und Pflanzenwelt. 1999 wurde dem Hof der Hanse-Umweltpreis verliehen. Seit 2005 steht auf der Streuobstwiese das Backhaus, das mit historischem Baumaterial aufgebaut wurde. Immer am zweiten Sonntag eines Monats werden hier Brote im Steinofen gebacken. Mit Beginn des Frühjahrs lädt das Hofcafé regelmäßig zu kulturellen Veranstaltungen ein. Seit vielen Jahren wird der Hof übrigens auch häufig als Film- und Fernsehkulisse genutzt. 2012 ging der Stab an den Neffen der Eggers, Henning Beeken, über, der den Hof im Sinne seines Onkels weiterführt.

Mit Biokaffee und Kuchen gestärkt, treten wir den Rückweg über den Kirchwerder Mühlendamm an. Am Ende des Zuwegs fahren wir links und gleich wieder rechts in den Kirchwerder Hausdeich bis zur „Alten Twiete", die zur Kirche führt.

9 KIRCHWERDER

In einer Urkunde von 1168 wird dieses Fleckchen zuerst „Remerswerder" genannt. 1217 erfolgte die Umbenennung und auch ein erster Kirchenbau. Die St. Severini-Kirche wird 1319 zuerst erwähnt. In den folgenden Jahren wurden die Feldsteinmauern größtenteils durch Backstein ersetzt. In der Nordwand sind noch Reste der mittelalterlichen Feldsteinmauern erhalten. Das Brauthaus mit dem Spitzbogenportal stammt von 1649/50. Der heutige Bau geht auf eine grundlegende Erneuerung Ende des 18. Jahrhunderts zurück (Abb. 20). Beim Betreten des Innenraums fällt sofort das prächtige Kirchengestühl ins Auge, das teilweise noch aus dem Jahr 1638 stammt. Auch hier wurden die Männerbänke mit schmiedeeisernen Hutständern verziert. Die Messingkronleuchter aus dem 17. Jahrhundert wurden von Kirchwerder Bürgern gestiftet, der Beichtstuhl unter der

20 ST. SEVERINI-KIRCHE, 1904

21 ERNTEDANKUMZUG

Nordempore kam 1785 hinzu und wird als Sakristei genutzt. Wie in der Gegend üblich, steht der Glockenturm von 1604 bzw. 1664 etwas abseits. Der Legende nach soll der Teufel den Turm beim Versuch, ihn in die Elbe zu werfen, hier noch einmal abgesetzt haben und konnte seinen Plan dann nicht in die Tat umsetzen. An der Friedhofsmauer lehnen über neunzig reich dekorierte, mannshohe Sandstein-Grabplatten aus dem 16. bis 18. Jahrhundert – die größte Sammlung dieser Art Nordeuropas. Aus heute unbekanntem Grund wurde im Jahre 1470 der Pfarrer von Dorfbewohnern erschlagen, eine Tat, die vorübergehend das ganze Dorf Kirchwerder unter den Großen Kirchenbann stellte. 1988 war St. Severini Schauplatz einer Fernsehpremiere. An Heiligabend wurde damals von der ARD zum ersten Mal der Weihnachtsgottesdienst aus einer Kirche übertragen. Am ersten Oktoberwochenende startet hier jedes Jahr mit einer Messe der traditionelle Erntedankumzug mit vielen üppig geschmückten Wagen zahlreicher Vierländer Vereine, Handwerker, Kindergärten und anderer lokaler Gruppen (Abb. 21), der bei gutem Wetter bis zu 70 000 Besucher an den Straßenrand bis zum Kirchwerder Elbdeich lockt. Wer sich für Hamburgs größtes Naturschutzgebiet interessiert, der sollte hinter der Kirche rechts in den Fersenweg einbiegen. Ein Rundgang mit zehn Infotafeln führt hier an den 860 Hektar großen Kirchwerder Wiesen entlang. Unsere Haupttour führt über den Kirchenheerweg, von dem links der Kirchwerder Marschbahndamm abzweigt. Am Kirchwerder Mühlendamm biegen wir wieder links ab und folgen der Straße bis zur Nummer 75.

INTARSIEN

Seit der Renaissance gelangte die vor allem in Arabien, aber auch in Italien praktizierte Intarsientechnik nach Nordeuropa. Der Begriff Intarsie geht auf das italienische Verb „intarsiare“ zurück und bezeichnet die Herstellung einer Einlegearbeit. Dabei werden zunächst zwei verschiedenfarbige Furniere verleimt, wobei das Motiv auf das hellere übertragen wird und dann beide ausgesägt werden. Mit einem Messer werden sodann die beiden Schichten getrennt. Das hellere der beiden Furniere wurde Positiv genannt und galt als die wesentlich kostbarere Intarsie.

Zur Blütezeit dieser Handwerkskunst wurden damit häufig Truhen, Stühle, Schränke, Tische, Türen, aber auch Kleingegenstände wie Schmuckkästchen, Bürsten oder Bilderrahmen verziert. Die ersten Kernintarsien waren Sterne und Rosetten. Später kamen Blumen und Gräser in Schalen oder Vasen, aber vor allem Namen und Jahreszahlen hinzu.

Die wohlhabenden Vierländer leisteten sich mit Intarsien verzierte Möbel und Einbauten in ihren mit Schaugiebeln geschmückten Hufnerhäusern nicht zuletzt, um ihren Wohlstand zu demonstrieren. Wo das auch in den Kirchen im Übermaß der Fall war, griff die Obrigkeit angesichts manch überbordenden Schmucks bisweilen ein. Am Juratengestühl der Kirche St. Severini in Kirchwerder befindet sich die älteste vollständig erhaltene Intarsie von 1641. Diese Sonderform des Tischlerhandwerks wird in den Vierlanden bis heute praktiziert.

10 RIEPENBURG

Schon von Weitem erhebt sich die älteste und größte erhaltene Kornwindmühle Hamburgs über die weitläufige Landschaft (Abb. 22). Mit den ersten hier errichteten Bockwindmühlen von 1318 bzw. 1683 und 1765 weist der Gallerieholländer von 1828, dessen Dach anfangs noch mit Reet gedeckt war, allerdings kaum Gemeinsamkeiten auf. Bis 1863 waren die umliegenden Bauernhöfe dazu gezwungen gewesen, die herrschaftlichen Mühlen in Bergedorf oder auf der Riepenburg zu nutzen. 1880 kaufte dann die Familie Busch die Riepenburger Mühle von der Stadt Hamburg und schuf neue Mahlmöglichkeiten. Mitte des 20. Jahrhunderts hielt schließlich die Elektrifizierung Einzug und vereinfachte die Arbeit erheblich – trotzdem kann auch heute noch mit Windkraft gemahlen werden. Vor allem Futtermittel ließ Familie Busch bis 1990 von den Mahlsteinen bearbeiten. Der Verein Riepenburger Mühle e.V. erwarb 2001 das seit 1939 unter Denkmalschutz stehende Gebäude samt 5500 Quadratmetern umgebenden Lands. Neben der Kornmühle verfügte der Betrieb auch über eine Ölmühle. In der Ausstellung, die in der Mühle gezeigt wird, wird die aufwendige Herstellung von Lein-, Raps- und Sonnenblumenöl erklärt. Von Freitag bis Sonntag bietet das Mühlencafé „Molina“ selbstgebackenen Kuchen und Frühstück an. Im hofeigenen Atelier arbeiten verschiedene Künstlerinnen an ihren Gemälden, Textilien und Schmuckstücken, die sie regelmäßig der Öffentlichkeit präsentieren. Hinter der Mühle führt ein beschilderter Fußweg über die Felder zum Hof Eggers.

22 RIEPENBURGER MÜHLE

Nach diesem Besuch fahren wir wieder zurück in Richtung Elbdeich. Auf dem ehemaligen Burghügel linker Hand erinnern nur wenige Steine an die Zeit der alten Festung Riepenburg, die der Ritter Hermann Ribe ab etwa 1250 zum Schutz der Zollstelle Esslingen errichten ließ. Im Zuge des Eroberungszuges von 1420 fiel nicht nur Bergedorf, sondern auch die alte Riepenburg samt Elbfähre an Hamburg und Lübeck. Bis zum endgültigen Verfall der Burganlage im Jahre 1512 wurden die Vierlande noch von der Amtsstelle Riepenburg verwaltet. Dieser Haltepunkt befindet sich am Rundweg Zollenspieker, der an neun Stationen Einblicke in die Geschichte der Region gibt und über den Zollenspieker Hauptdeich zum Fährhaus führt.

11 ZOLLENSPIEKER

Die Fährverbindung zwischen Zollenspieker und Hoopte gilt als älteste noch aktive Fährverbindung Deutschlands. Von März bis November verkehrt die kleine Autofähre hier im Zehn-Minuten-Takt. Am Wochenende nutzen vor allem Motorradfahrer, aber auch Radfahrer den Wasserweg und bescheren der legendären Wurstbude volle Kassen. Die Grundmauern des heutigen Fährhauses gehen auf den ursprünglichen Zollturm von 1252 zurück. Am südlichsten Punkt Hamburgs diente dieser Handelsknotenpunkt dem Ausspähen von Zollware. Seit 1620 bezogen jeden Monat ein Sergeant und sechs Mann aus der Garnison im Bergedorfer Schloss hier Stellung. Durch einen räuberischen Überfall der Lüneburger Herrscher wurde das schanzenbewehrte Fährhaus (Abb. 23) zu dieser Zeit zerstört, aber schon bald im Stil der Spätrenaissance und des frühen Barocks wieder aufgebaut (Abb. 24). 1806 hoben die französischen Besatzer die Zollpflicht an dieser Stelle zeitweilig auf, endgültig abgeschafft wurde die Zollkasse schließlich im Jahr 1863, in dem auch ein Tanzsaal an das Fährhaus angebaut wurde. Das Pegelhäuschen von 1880 wurde 1992 abgerissen, konnte aber dank einer Initiative wieder aufgebaut werden. Heute gilt es als das kleinste Restaurant der Welt. Nachdem das damals der Freien und Hansestadt gehörende

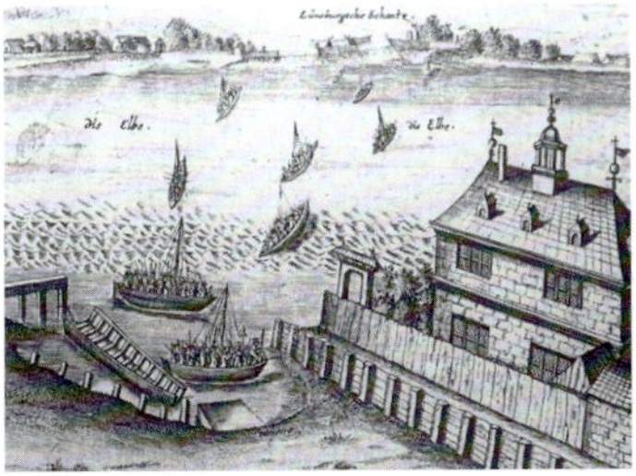

23 + 24 SCHANZENBEWEHRTES ZOLLHAUS, 1675, UND NEUBAU AUS DEM 19. JAHRHUNDERT

Haupthaus 1991 zu verfallen drohte, fand sich in dem Unternehmer Bodo Sellhorn ein Investor, der das Kulturdenkmal weitestgehend nach historischem Vorbild sanierte. Mittlerweile erfreuen sich das Restaurant, der Biergarten unter alten Kastanienbäumen und das 2012 neu hinzugekommene Hotel großer Beliebtheit. Brautpaare aus ganz Norddeutschland feiern hier gern rauschende Hochzeitsfeste bis in den frühen Morgen.

Für den Rückweg nach Bergedorf bietet es sich an, gegenüber dem Fähranleger links in den Kirchwerder Elbdeich einzubiegen. Wunderschöne Bauernarchitektur und im Sommerhalbjahr manche Verkaufsstände für Blumen und Gemüse erwarten die Passanten hier genauso wie griechische Marschverpflegung in der ehemaligen „Lüttenburg“ oder regionale Spezialitäten in der „Vierländerei“. Am Elbdeich beim Sander Hafen veranstaltet der „Unterhaltungsclub Gambrinus von 1885“ seit 1962 ein Osterfeuer mit mehreren Tausend Besuchern. Wie für einen Junggesellenclub nicht überraschend, gilt in dem Club die Regel: Wer heiratet, fliegt raus. Vom Kirchwerder Elbdeich zweigt Am Sülzbrack der Kirchwerder Marschbahndamm ab, der direkt nach Bergedorf führt. Der Sage nach soll Am Sülzbrack im Jahr 1280 ein Lüneburger Salzschiff durch einen Bruch im Deich ins Brack gezogen worden und dort untergegangen sein. Da der Deich in der Folge nicht abgedichtet werden konnte, habe der Legende nach ein Kinderopfer Abhilfe schaffen sollen. Dieses sei einer „Zigeunerin“ abgekauft und dann im Deich vergraben worden, der daraufhin gehalten haben soll.

CAFÉS / RESTAURANTS

Clausen's Vierländer Landhaus
Curslacker Heerweg 2 A
www.vierlaender-landhaus.de
➜ *Event-Location im ehemaligen Corslaker Landhuus*

Dinkelbackstube
Neuengammer Hausdeich 471
➜ *jeden dritten Donnerstag Backtag & Café*

Haus Anna Elbe
Altengammer Hauptdeich 82
www.haus-anna-elbe.de
➜ *Event-Location, Ferienwohnungen & Café im historischen Bauernhaus*

Hof Eggers
Kirchwerder Mühlendamm 5
www.hof-eggers.de
➜ *Bio-Bauernhof mit Hofcafé, Fleischverkauf, Backhaus, Events*

Café Molina – Riepenburger Mühle
Kirchwerder Mühlendamm 75 A
www.cafemolina.de
➜ *von Freitag bis Sonntag Frühstück, Kaffee & Kuchen in der Mühle*

Vierländerei – Restaurant, Café, Pension
Kirchwerder Elbdeich 122
www.pensionkirchwerder.de
➜ *hausgemachte Kuchen und regionale Küche in einer alten Bäckerei*

Zollenspieker Fährhaus – Restaurant & Hotel
Zollenspieker Hauptdeich 141
www.zollenspieker-faehrhaus.de
➜ *gehobene regionale Küche, Biergarten, Events im Traditionshaus mit vier Sternen*

Zum Alten Bahnhof
Odemanns Heck 5
www.curslacker-bahnhof.de
➜ *regionale Küche, Biergarten, Gästezimmer*

LÄDEN

Bäckerei Bahn
Kirchenheerweg 239
➜ *frische Backwaren im Café am Elbdeich*

Kiosk Alte Garage
Curskacker Heerweg 2
➜ *Postfiliale, Zeitschriften, Schreibwaren*

Kaufhaus Vierlanden
Neuengammer Hausdeich 260
www.kaufhaus-vierlanden.de
➜ *das regionale Kaufhaus – modern und traditionell*

Vierländer Remise
Achter de Wisch 10
www.vierlaender-remise.de
➜ *Weinimport aus Frankreich und feine Digestifs*

Vierländer Rosenhof
Kirchwerder Hausdeich 182
www.vierlaender-rosenhof.de
➜ *historische Rosensorten und Neuzüchtungen*

HOTELS

My Bed
Kurfürstendeich 41
www.wohnen-mybed.eu
→ *Low-Budget-Hotel im historischen Ortsamt*

Wunderlandhaus – Gästezimmer
Süderquerweg 107
→ *Events für Groß und Klein im Ambiente von „Alice im Wunderland"*

FREIZEIT / SPORT

Gokarthof Vierlanden
Neuengammer Hausdeich 101
www.gokarthof.de
→ *Gokarts, Event-Location, Paddel- und Radtouren*

Kanu-Hafen-Bergedorf
Curslacker Brückendamm 13
www.kanu-hafen.de
→ *Paddeltouren auf der Dove Elbe*

Sommerbad Altengamme
Horster Damm 76–80
www.hamburg.de/sommerbad-altengamme
→ *eiskaltes Badevergnügen mit Aufsicht und Kiosk*

Reit- und Fahrverein Vierlanden
Neuengammer Hausdeich 121
www.reitverein-vierlanden.de
→ *Springplatz, Dressurviereck, Wasserdurchritt – auch für Gäste*

Vierländer Speeldeel
www.vierlaender-speeldeel.de
→ *Tanzgruppe in Vierländer Trachten*

KULTUR

Altengammer Mühle
Altengammer Elbdeich 4
www.altengammer-muehle.jimdofree.com
→ *Skulpturengarten – bei Kunstausstellungen mit Café*

Gedenkstätte Neuengamme
Jean-Dolidier-Weg 75
www.kz-gedenkstaette-neuengamme.de
→ *Geschichte des ehemaligen Konzentrationslagers*

Künstlerhaus Am Südbahnhof
Neuer Weg 39 B
→ *Holzskulpturen und andere Arbeiten des Künstlers Oliver Hertel*

Rieckhaus
Curslacker Deich 284
www.bergedorfer-museumslandschaft.de/ueber-uns/rieck-haus
→ *Kulturgeschichte der Vier- und Marschlande*

Veer- und Marschlanner Rundümwieser
www.rundumwieser.de
→ *Rundfahrten durch die Vier- und Marschlande – auch im Oldtimerbus*

LEUTE AUS DEN VIER- UND MARSCHLANDEN

HERTHA BORCHERT (1895–1985), die Mutter des Hamburger Schriftstellers Wolfgang Borchert wurde in Altengamme geboren, verlebte ihre Kindheit als Tochter eines Schulmeisters in Kirchwerder und zog 1914 nach Hamburg, als sie den Hilfslehrer Fritz Borchert heiratete. Hertha Borchert war selbst eine bekannte niederdeutsche Schriftstellerin, deren Erzählstil von ihrer ländlichen Kindheit geprägt war. Ihre erste Erzählung erschien 1927, die Erzählung „Sünnroos" machte sie 1934 einem größeren Publikum bekannt. Neben dem erzählerischen Werk stammen von ihr mehrere Hörspiele und Gedichte. Ihre Weigerung, in die NS-Frauenschaft einzutreten, gestaltete das Leben für die Familie schwierig. Nach dem Tod von Wolfgang Borchert beendete Hertha Borchert ihre eigene Karriere und verwaltete den Nachlass ihres Sohnes.

Die Hip-Hop und Electropunk-Formation **DEICHKIND** wurde 1997 von Philipp „Kryptic Joe" Grütering, Malte Pittner und Bartosch „Buddy Buxbaum" Jeznach gegründet, wobei der Bandname auf die Vierländer Herkunft von zwei der ursprünglich drei Bandmitglieder anspielt. Ihr erstes Album „Bitte ziehen Sie durch" erschien 2000 – im Song „Fachjargon" reimten die Rapper damals: „Hier kommt der derbe Talk mit Leistung – Wir machen Schlagzeilen wie die Bergedorfer Zeitung". Erfolgreiche Titel der Gruppe sind „Remmidemmi (Yippie Yippie Yeah)" (2006) und „Leider geil" (2012). Von den Gründungsmitgliedern ist heute nur noch Philipp „Kryptik Joe“ Grütering dabei, der mit seiner Familie in Berlin lebt. 2005 kam u.a. der gebürtige Bergedorfer Sebastian „Porky“ Dürre hinzu. Erkennungszeichen der Band ist ein Hut in Tetraederform. Deichkind-Konzerte sind sorgfältig durchdachte Inszenierungen – wie „Kindergeburtstag für Erwachsene“.

JOHANN HEINRICH DRÄGER (1847–1917), Begründer der Lübecker Drägerwerke, begann seine berufliche Laufbahn als Uhrmacherlehrling und Nähmaschinenhändler in Kirchwerder und Bergedorf. Schon zu dieser Zeit entwickelte er verschiedene mechanische Geräte. 1886 zog er als Vertreter für die Bergedorfer Eisenwerke nach Lübeck. Dort eröffnete er 1889 die Firma Dräger & Gerling für technische Artikel und Maschinen. Zusammen mit seinem Sohn gründete er schließlich 1902 die „Drägerwerke Heinrich u. Bernhard Dräger“. Das Unternehmen produzierte und vertrieb Medizin- und Sicherheitstechnik wie den Mischnarkoseapparat „Roth-Dräger“ (1902), Atemschutzgeräte für den Einsatz bei Gruben- und Feuerwehren oder das Beatmungsgerät „Pulmotor“ (1907). Heute entwickeln die Drägerwerke in fünfter Generation Medizin- und Sicherheitstechnik und beschäftigen in über 190 Ländern mehr als 14 000 Mitarbeiter. An Drägers Geburtshaus am Kirchwerder Elbdeich 47 ist eine Gedenktafel angebracht.

Nach seinem Studium an der Hamburger Kunstgewerbeschule und in Berlin besuchte **HANS FÖRSTER** (1885–1966), angeregt durch einen Vortrag von Justus Brinckmann über die regionale Volkskunst im Jahr 1903 das erste Mal die Vierlande. Fasziniert von der Landschaft zog Förster bald nach Neuengamme und beschäftigte sich künstlerisch mit seiner neuen Umgebung, wobei er bevorzugt die in Berlin erlernte japanische Technik des Farbholzschnitts verwendete. Der Maler des Hamburger Landlebens malte nicht realitätsgetreu wie etwa der Volkskünstler Hermann Haase, sondern arbeitete experimenteller. Seine Postkarten,

Ölbilder und Aquarelle befinden sich heute im Bergedorfer Schloss, im Altonaer Museum und in privaten Sammlungen. Förster wurde bei der Neuengammer Kirche begraben, wo ein Gedenkstein an ihn erinnert.

Der gelernte Maschinenbauer, Drucker und autodidaktische Aquarellzeichner **HERMANN HAASE** (1862–1934) war mit seinen gegenständlichen Zeichnungen ein wichtiger Chronist der Vierländer Volkskunst. Gefördert von Justus Brinckmann, auf den er zufällig traf und der ihm dann regelmäßig Aufträge übertrug, umfasst seine über einen Zeitraum von fünfzehn Jahren entstandene malerische Dokumentation der Vierländer Volkskunst über 1165 Blätter. Das Werk von 1910 namens „Tracht, Haus und Hof der Vierländer" befindet sich heute im Privatbesitz der Familie Sieveking. Aufgrund seiner detailgetreuen Darstellungskunst wurde Haase auch „de fine Moler" genannt. Bei der Neuengammer Kirche erinnert ein Gedenkstein an den Künstler.

WERNER HACKMANN (1947–2007) wurde als Sohn eines Tischlers in Altengamme geboren. Seine politische Laufbahn begann der Diplom-Kaufmann 1973 als persönlicher Referent des späteren Ersten Bürgermeisters Hans-Ulrich Klose. In unruhigen Zeiten mit der fortdauernden Besetzung der Hafenstraße, einer Zunahme des organisierten Verbrechens und vermehrten ausländerfeindlichen Übergriffen befasst, hatte der Sozialdemokrat ab 1988 das Amt des Hamburger Innensenators inne. Sofort nach Öffentlichwerden des Hamburger Polizeiskandals, bei dem unrechtmäßige Polizeigewalt vor allem gegen Ausländer ans Licht kam, erklärte Hackmann 1994 seinen Rücktritt. Mit Unterbrechungen war er von 1997 bis 2002 Präsident des HSV und übernahm ab 2000 auch das Amt des ersten Präsidenten der Deutschen Fußball-Liga. Hackmann wohnte in Nettelnburg.

Als Sohn des Müllers Friedrich Lichtwark, der von 1837 bis 1854 die Reitbrooker Mühlenstelle betrieb, wuchs **ALFRED LICHTWARK** (1852–1914) in Reitbrook auf. Nach Aufhebung des Mahlzwangs 1848 verarmte die Familie und zog 1860 nach St. Pauli. In zahlreichen Briefen beschrieb Lichtwark später die Schönheit der Blumenwelt seiner Kindheit, eine Vorliebe, die sich auch in seiner Förderung der Heimatschutzbewegung ausdrückte. Besondere Förderung erhielt Lichtwark durch den Leiter der von ihm besuchten Schule, der auch für seine Ausbildung als Volksschullehrer sorgte. Lichtwark bildete sich autodidaktisch weiter und besuchte Vorträge von Justus Brinckmann, der ihm ein Studium mit Promotion nahelegte. Bereits mit 34 Jahren wurde Lichtwark 1886 erster Direktor der Hamburger Kunsthalle, die er zu einem der führenden deutschen Ausstellungshäuser ausbaute, wobei er junge Hamburger Maler besonders förderte. 1901 war Lichtwark Mitbegründer des Vereins für Vierländer Kunst und Heimatkunde. An seinem Geburtshaus in Reitbrook, Vorderdeich 9, befindet sich eine Gedenktafel.

MARGIT ZINKE (1914–1945) wurde zusammen mit weiteren 50 000 Opfern im Konzentrationslager Neuengamme ermordet. Bereits auf der katholischen Mädchenschule, die sie in Hamburg besuchte, galt sie als Rebellin. Wegen ihrer ersten nicht standesgemäßen Ehe im Jahr 1934 kam es zum Bruch mit ihren bürgerlichen Adoptiveltern. Nachdem sie zehn Jahre später eine zweite Ehe mit dem Kommunisten Paul Zinke eingegangen war, beteiligte sie sich an Aktionen der Widerstandsorganisation „Bästlein-Jacob-Abshagen“ und wurde daraufhin im Februar 1945 in Fuhlsbüttel inhaftiert. Ihre drei Kinder wurden während ihrer Haft zwangsweise in Pflegefamilien untergebracht. Ohne Gerichtsprozess sprach das NS-Regime wenige Tage vor Kriegsende das Todesurteil über Margit Zinke, zusammen mit siebzig weiteren Widerstandskämpfern wurde sie in Neuengamme erhängt. In Neuallermöhe ist eine Straße nach ihr benannt.

VOM SCHIFFWASSER BIS NACH SPADENLAND 5

Am Schiffwasser * Bergedorfer Industrie * Nettelnburg * Bergbau in Reitbrook * Reitbrook * Allermöhe * Die Reit * Ochsenwerder * Fünfhausen/Oortkaten/Overwerder * Spadenland

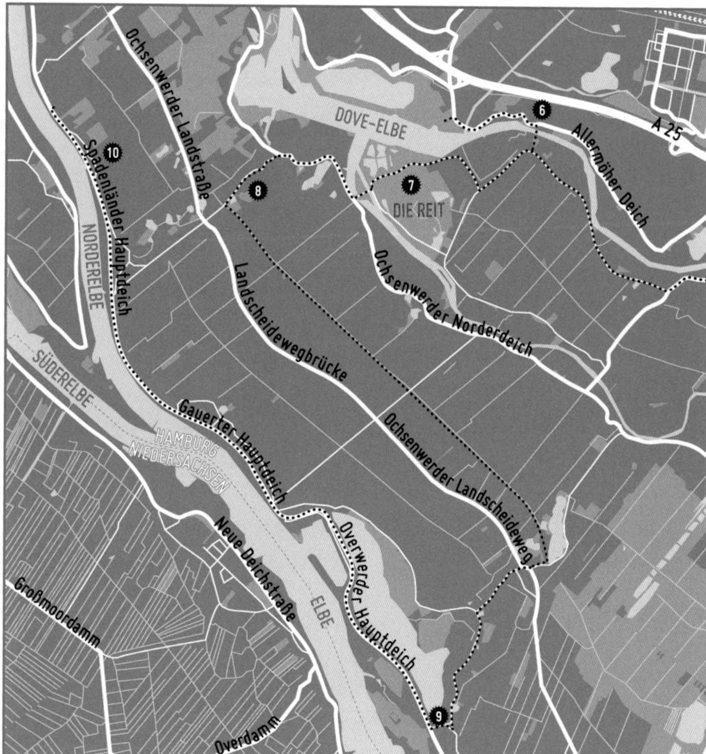

STARTPUNKT: Holzhude 1, Bergedorfer Bahnhof (S2/S21/Interregio/ZOB)
ENDPUNKT: Spadenländer Elbdeich 40 (Haltestelle Dorferbogen/Buslinien 120/124)
DAUER: etwa 3 Stunden mit dem Fahrrad

Auch diese Tour beginnt in Bergedorf und führt uns dann über Nettelnburg in die weitläufigen Marschlande. Unweit des Schiffwassers, wo wir starten, wurden Anfang der 1990er Jahre bei Baggerarbeiten für ein Kongresshotel und eine Seniorenwohnanlage mindestens 4000 Jahre alte Relikte gefunden, die auf die ersten Siedler Bergedorfs deuten. Bis das Serrahnbecken seine Kaianlagen bekam, befand sich hier Bergedorfs Hafen. 1961 sollte mit dem Lichtwarkhaus schließlich die Kultur an dieser Stelle ihren Anker auswerfen, eine Aufgabe, die nun sechzig Jahre später am gleichen Ort das KörberHaus in etwas größeren Dimensionen

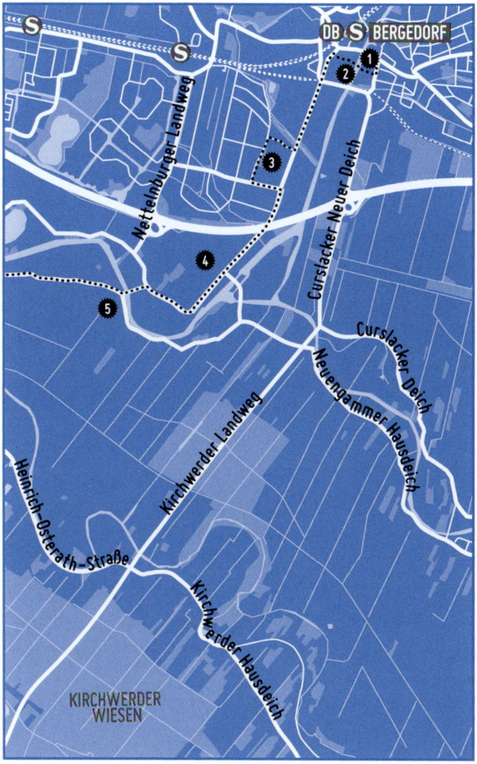

5

übernehmen wird. Nicht weit von dort gelangen wir auf ein Areal, wo sich Ende des 19. Jahrhunderts Bergedorfs erste Industriebetriebe ansiedelten, vorzugsweise in der Nähe des Schleusengrabens. Von hier aus konnten die produzierten Waren direkt zum Hamburger Hafen transportiert werden. Heute hat sich der Industriestandort rund um den Schleusengraben wie auch am ehemaligen Güterbahnhof in zentrumsnahe moderne Wohngebiete verwandelt, die sich bis zur Siedlung Nettelnburg erstrecken, wo dem schweren Kleiboden Anfang des letzten Jahrhunderts auf genossenschaftliches Betreiben von Kriegsversehrten das bei Familien beliebte Wohngebiet abgerungen wurde. Unter der Autobahnbrücke der A25 führt uns der Weg sodann ins beschauliche Reitbrook, wo bis heute Erdöl gefördert wird, was die hier heimischen Störche aber zum Glück nicht zu stören scheint. Im Alten Schulhaus von „Allermöhe oberwärts" machen wir eine Begegnung mit der Kunst – ganz im Sinne des hier geborenen Museumsdirektors Alfred Lichtwark, dem Sohn eines Müllers, der die nach wie vor erhaltene Reitbrooker Mühle betrieb. Über den Vorderdeich fahren wir am Milchhof Reitbrook vorbei, der viele Hamburger mit seinen Produkten im Direktvertrieb beliefert, besichtigen die Dreieinigkeitskirche, die immer wieder heiratswillige Paare von weit her nach Allermöhe lockt, und gelangen zum Wassersportzentrum Hamburg-Allermöhe, dem Landesleistungszentrum für den Ruder- und Kanusport in Hamburg. Von hier aus führt eine Brücke direkt in das Naturschutzgebiet „Die Reit", nach dessen Besuch wir uns das malerische Ensemble aus Kirche, Pastorat und Pastorenbrack im Ochsenwerder Dorfkern ansehen, das nicht nur Filmteams begeistert. Direkt nach Fünfhausen und zu einem weiteren Brack führt uns sodann der idyllische Marschbahndamm, von wo es zum Hohendeicher See am Oortkaten nur noch ein Katzensprung ist. Direkt dahinter – vor dem schützenden Deich – liegt das bei Individualisten beliebte Stelzendorf Overwerder. Zuletzt radeln wir an der Elbe entlang und besuchen Spadenland.

1 AM SCHIFFWASSER

Seit 1443 verbindet der Schleusengraben die Bille mit der Dove-Elbe. Kurz vor der Einmündung ins Serrahnbecken entstand hier an einem Arm der Brookwetter der erste Hafen Bergedorfs (Abb. 1). Der Straßenname Holzhude weist auf einen Lagerplatz für das damals so wichtige Handelsgut Holz hin, das vor Ort gelöscht, gesägt und gelagert wurde. Der bis heute bestehende Straßenzug Hude reichte damals als Zubringer sogar vom Schiffwasser bis zum heutigen Sachsentor. Um die Jahrhundertwende wurde dann verstärkt der Hafen am Serrahn ausgebaut und genutzt. Bald nach Kriegsende sollte dieser Standort dann aber einem anderen Zweck dienen: Am 7. November 1961 erfolgte die Schlüsselübergabe für das „Lichtwarkhaus" (Abb. 2), das als kultureller Mittelpunkt und Begegnungsstätte für Jung und Alt konzipiert war. Weil nach der Flut von 1962 die für die Öffentlichen Bücherhallen und ein Theater vorgesehenen Mittel für den Hochwasserschutz gebraucht wurden, konnten geplante Nutzungen damals nicht verwirklicht werden. Erst sechzig Jahre später kommt es nun nach langer Planung dazu. 2018/19 wurde der marode Bau abgerissen, um an seiner Stelle in Zusammenarbeit mit der Körber-Stiftung das neue „KörberHaus" zu errichten (Abb. 3). Das drei mal fünf Meter große Glasmosaik „Serenade" von 1961 – eines der bedeutendsten Werke des Ham-

1 SCHIFFSZIMMERPLATZ, 1894

2 LICHTWARKHAUS IN DEN 1960ER JAHREN

3 KÖRBERHAUS, ENTWURF VON MGF ARCHITEKTEN

burger Malers und Grafikers Eduard Bargheer (1901–1979) – soll nun ab 2021 im zweiten Stock des Neubaus einen neuen Platz finden. Die 6000 Quadratmeter des neuen Kultur- und Veranstaltungshauses teilen sich auf über drei Etagen viele Akteure: das Bezirksamt Bergedorf mit dem AWO-Seniorentreff und dem Seniorenbeirat, die Hamburger Volkshochschule, die Hamburger Bücherhallen sowie die Körber-Stiftung mit Angeboten für Menschen 50plus, die SHiP – Stiftung Haus im Park und die Freiwilligenagentur Bergedorf. Außerdem wird das LichtwarkTheater mit einem Saal für 460 Besucher, einer 200 Quadratmeter großen Bühne, zwei Seitenbühnen und modernster Technik das beliebte „Theater Haus im Park" ablösen. Ein weiterer Veranstaltungssaal wird sich hoffentlich genauso reger Nutzung erfreuen wie die übrigen Räume für Bewegungsangebote, Kurse und kleinere Veranstaltungen. Das Café des Betreibers „Schmidt und Schmidtchen" rundet das Angebot gastronomisch ab.

Eine Fußgängerbrücke führt zum gegenüberliegenden Einkaufszentrum, an dessen von einer Kuppel besetzten Ecke 2008 die Moschee der türkisch-islamischen Gemeinde eingeweiht wurde. Direkt gegenüber erblicken wir mehrere alte Fabrikhallen.

2 BERGEDORFER INDUSTRIE

Den 46 Bergedorfer Ackerbürgern und elf Kleinhausbesitzern wurde 1518 das Areal – der Kamp - zugesprochen, wo wir uns nun befinden, um hier ihr Vieh auf einer Gemeindeweide zu halten. Nachdem 1838 auf diesem

4 GLASFABRIK HEIN & DIETRICHS, 1999

5 STUHLROHR-HAFEN, O.J.

Stück Land die Kampchaussee angelegt werden sollte, um eine zollfreie Poststraße nach Hamburg zu gewährleisten, wurden die Parzellen unter den Bergedorfer Besitzbürgern verlost. Die größte Hürde für die wirtschaftliche Entwicklung Bergedorfs entfiel 1854, als der Warenausfuhrzoll durch die beiderstädtische Regierung aufgehoben wurde. Der erste Industriebetrieb, eine Glashütte, aus der 1877 die Glasfabrik von Hein & Dietrichs hervorging, siedelte sich 1869 hier an (Abb. 4). Als 165 Bergedorfer Bürger dann ein Gesuch zum Zollanschluss einreichten und Bergedorf zugleich mit günstigen Grundstückspreisen sowie guten Verkehrswegen auf Wasser und Schiene locken konnte, war die Industrialisierung nicht mehr aufzuhalten. Ab 1880 ließen sich Zuckerraffinerien, eine Lederfabrik, Kufekes Kindermehlfabrik, die Bergedorfer Maschinenfabrik und die Hanseatische Motorenfabrik rund um den Schleusengraben nieder und nutzten den praktischen Wasserweg zum Abtransport ihrer Waren. Flugs wurde von den Stadtoberen der gesamte Bereich vom Serrahn bis zum Schleusengraben zum erweiterten Hafengebiet erklärt und somit gebührenpflichtig (Abb. 5).

Wir stehen nun vor den drei noch erhaltenen denkmalgeschützten Stuhlrohrhallen von 1890, die für die 1882 von Rudolf Sieverts (1842–1921, Abb. 6) gegründete Stuhlrohrfabrik errichtet wurden. Aus dem damals neu entdeckten Rohstoff Rattan wurden zunächst Flechtgefäße für die Glasbehälter der benachbarten Glasbläserei gefertigt, bevor eine eigene

6+7 RUDOLF SIEVERTS, UM 1900, UND ARBEITERHÄUSER AM ACHTERDWARS, 1961

Möbelherstellung hinzukam. Im Jahr 1900 galt Sieverts als Bergedorfs größter Steuerzahler. Innerhalb weniger Jahre gehörte dem ehemaligen Präses der Handelskammer hier eine Fläche von 60 000 Quadratmetern, auf der 400 Arbeiter tätig waren. Das benachbarte Konkurrenzunternehmen von Rümcker & Ude konnte Sieverts 1960 übernehmen. Für den Bau der Bergedorfer Straße (1953–1958) musste ein Großteil der Fabrikanlagen weichen – ein Teil der Produktion wanderte danach nach Java ab, bis sich die Produktion wegen des Rattanausfuhrverbots schließlich ab 1988 ganz nach Indonesien verlagerte, während der Verkauf bis zur Insolvenz 2003 in Bergedorf verblieb.

Am Ende der Stuhlrohrstraße überqueren wir die Straße und biegen links ab, an der Kreuzung zum Sander Damm geht es weiter geradeaus. Rechter Hand am Achterdwars und Dwarstwiet legen eingeschossige, traufständige Gebäude einfachster Bauart noch Zeugnis von den Anfängen der Arbeitersiedlung Ende des 19. Jahrhunderts ab (Abb. 7), denen wenige Jahre später mehrgeschossige Mietswohnhäuser entlang des Weidenbaumswegs bis Nettelnburg folgten. Der Name der nächsten Querstraße, „Am Güterbahnhof", erinnert an den Bahnhof, der 1932 an dieser Stelle in Betrieb genommen wurde. Seit 2008 ist hier ein zentrumsnahes Wohn- und Arbeitsquartier entstanden, in das die alte Frachthalle, das Zollamt und die Gerätehalle integriert wurden. Unser Weg führt weiter geradeaus an dem modernen Wohnquartier Glasbläserhöfe auf der gegenüberliegenden Seite vorbei. An der Straße „Fiddigshagen“ biegen wir rechts ab und halten an der historischen Lore auf der Rasenfläche vor den Häusern Nummer 7 und 10 an.

3 NETTELNBURG

Von seinem Landesherrn wurde Nettelnburg 1208 unter die Verwaltung und Aufsicht des Ritters Wernherus de Netelenburg gestellt. Aus dieser Zeit stammte auch ein Wehrturm, der früher hier gestanden haben soll. In den folgenden Jahrhunderten wechselte das Gebiet mehrmals den Besitzer. Seit dem Gottorfer Vergleich von 1768 gehörte Nettelnburg zusammen mit Reitbrook und den Elbinseln zum Hamburger Marschgebiet, 1834 kauften die Brüder Claus und Henning Schaumann das hamburgische Kämmereigut Nettelnburg. Seit 1880 wechselte es noch mehrfach den Besitzer, und schließlich machte auch vor Nettelnburg die Bodenspekulation nicht halt, als 1912 die Industrie-Terraingesellschaft Nettelnburg mbH das Gut erwarb, um es im selben Jahr den einhundert Mitgliedern einer eigens gegründeten Genossenschaft für mehr als das Doppelte zu verkaufen, die allerdings nach dem Ersten Weltkrieg vielfach mittellos dastanden und ihre Anteile verloren. Am 12. März 1921 übernahm die „Gemeinnützige Siedlungs- und Wirtschaftsgenossenschaft für Kriegsbeschädigte, Kriegshinterbliebene und Kriegsteilnehmer Groß-Hamburg eGmbH“ trotz der Hypothekenlast das Land. Das notwendige Kapital erhoffte man neben dem Parzellenverkauf aus eigener Wertschöpfung durch die Bebauung zu gewinnen. Zu diesem Zweck musste zunächst ein 4000 Meter langes Grabennetz mit dem Spaten ausgehoben werden, für den Abtransport des Aushubs kam eine anfangs von Pferden, dann von einer Feldbahnlokomotive gezogene Lorenbahn zum Einsatz. 54 Hektar Land wurden in 400 Parzellen von 1000 bis 1500 Quadratmetern aufgeteilt. Ab 1922 wurde dann auf dem schweren Marschboden mit dem Bau von Einzel- und Doppelhäusern in gemeinschaftlich abgestimmter Bauweise mit ebenerdigen Kellern begonnen. Die Häuser verfügten über Stallanbauten, in denen Hühner, ein bis zwei Schafe oder Ziegen und ebenso viele Schweine gehalten wurden.

Wir gehen nun ein paar Meter weiter und bleiben vor der Schule stehen (Abb. 8). Der zweigeschossige Backsteinbau mit den beiden symmetrischen Treppenhaustürmen, der 1928 von einem Mitarbeiter Fritz Schumachers für acht Klassen erbaut wurde, ist in den letzten Jahren mehrmals erweitert worden. Aufgrund der schnell wachsenden Wohnbebauung hat sich der rechtsseitige Anbau von 2019 allerdings bereits kurz vor der Fertigstellung erneut als zu klein erwiesen.

Am Katendeich biegen wir links ab und fahren am sogenannten Dino-Spielplatz entlang. Hinter der 2019 neu angelegten Boulebahn und der Zufahrt zum Sportverein SVNA geht es bei der Nummer 10 links in den grünen Innenhof der Bille-Wohnanlage, wo wir in der Mitte auf mehrere Schautafeln und ein großes Tor treffen – die Überreste des Nettelnburger Herrenhauses (Abb. 9). Auch wenn sich viele Nettelnburger vehement für den Erhalt und eine Umnutzung des zuletzt als Hotel und Gaststätte genutzten Gebäudes aus der Gründerzeit einsetzten, wurde es 2011 abgerissen. An seiner Stelle errichtete die Baugenossenschaft Bergedorf-Bille hier einen Block mit 27 Wohnungen nebst Tiefgarage.

Wir begeben uns nun zur Nettelnburger Straße und halten uns links, bis wir zur Randersweide kommen. Dort biegen wir rechts ab.

8 SCHULE NETTELNBURG, UM 1930

9 NETTELNBURGER GUTSHOF, 1927

4 BERGBAU IN REITBROOK

Kaum haben wir die Autobahnbrücke der A25 unterquert, fällt uns auf der rechten Seite eine grüne Pumpe ins Auge. Etwas weiter hinten auf der linken Seite recken sich vier breite Türme in den Himmel. Am 3. November 1910 um 22.45 Uhr stieß man am Kirchwerder Landweg auf der Suche nach Wasser in 247 Meter Tiefe plötzlich nicht nur auf das gesuchte Wasser, sondern auch auf Schlammmassen, die in einer Fontäne nach oben sprudelten. Am darauffolgenden Nachmittag strömte aus drei Öffnungen Gas aus und entzündete sich (Abb. 10). Der Unglücksfall wurde als „Flammenkreuz von Neuengamme" berühmt und sorgte in den nächsten Wochen für Volksfeststimmung unter Schaulustigen – sogar Sonderzüge fuhren damals nach Bergedorf (Abb. 11). Mit dem Bau einer 15,3 Kilometer langen Rohrleitung zum Gaswerk Tiefstack wurde die Erdgasquelle dann ab 1913 wirtschaftlich sehr erfolgreich genutzt, die Baukosten in Höhe von 540 000 Mark hatten sich bereits nach eineinhalb Jahren amortisiert. Bis Mai 1929 konnten etwa eine Viertelmilliarde Kubikmeter Gas und seit dem Jahr 1938 in Hamburgs einzigem Bergbaubetrieb in etwa 650 Metern Tiefe auch größere Mengen Erdöl gefördert werden – 1940 galt Reitbrook sogar als Deutschlands wichtigstes Ölfeld. Bis zur Aufnahme des Erdgasspeicherbetriebs 1973 ging die geförderte Ölmenge langsam zurück, und

10 + 11 ERDGASEXPLOSION WIRD ZUR ATTRAKTION FÜR SCHAULUSTIGE, 1910

STÖRCHE

Störche sind eine sensible Vogelgattung und siedeln sich nur in Feuchtgebieten mit einer intakten Umwelt an. Entsprechend schwierig gestaltet sich angesichts des in Hamburg voranschreitenden Flächenfraßes die Nahrungssuche der Vögel und somit die erfolgreiche Aufzucht – jedes Storchenpaar benötigt in der Nähe seines Horstes feuchtes Grünland im Umfang von 26 Fußballfeldern. Im Jahr 1910 gab es in den Vier- und Marschlanden noch achtzig Storchennester, in denen 322 Nachkömmlinge ausgebrütet wurden. Nach einem Einbruch mit nur noch fünf Paaren Ende der 1990er Jahre scheinen die Störche die Gegend in den letzten Jahren nun wieder für sich entdeckt zu haben. Nach erfolgreichem Schlüpfen müssen die Storcheneltern jeden Tag etwa drei Kilogramm Futter für die ganze Familie heranschaffen. In den ersten Wochen verdoppeln die Jungstörche jeweils ihr Gewicht, so dass sie schon nach sieben Wochen so groß sind wie ihre Eltern. Bereits im Juli werden dann erste Flugversuche unternommen, damit ab Mitte August die Reise gen Süden angetreten werden kann. Im Jahr 2019 freute sich der NABU Hamburg über ein sehr erfolgreiches Storchenjahr – insgesamt zogen 28 Brutpaare 67 Jungtiere groß. Horste, die von den standortgebundenen Vögeln immer wieder aufgesucht werden, finden sich unter anderem am Kirchwerder Landweg, am Durchdeich in Fünfhausen oder wie hier am Allermöher Deich in Reitbrook. Auf der Internetseite des NABU Hamburg kann mit der Storchen-Webcam ab etwa Ende März das Geschehen im Nest der am Curslacker Achterschlag heimischen Weißstörche „Erna“ und „Fiete“ live verfolgt werden.

wegen Unwirtschaftlichkeit wurde 2014 der Erdgasspeicher Reitbrook stillgelegt. Allerdings wirft die Ölförderung mittlerweile wieder Erträge ab und wird fortgesetzt. Die Pumpen fördern ein Gemisch von zehn Prozent Erdöl und neunzig Prozent Wasser, das in den wuchtigen Türmen der Ölentwässerungsanlage getrennt wird. Im Jahr 2018 wurden hier 7500 Tonnen Erdöl gefördert. Die Anlage liegt an der Krapphofschleuse, die seit 1929 Dove-Elbe und Bille miteinander verbindet. Direkt gegenüber befindet sich der Bergedorfer Ruderclub, Heimatverein der Weltmeister und Olympiasieger im Deutschland-Achter Eric und Torben Johannesen.

Wir lassen die Türme links liegen und passieren an der Randersweide 1 das erste Verwaltungsgebäude des Reitbrooker Gas- und Ölbetriebs, wo sich heute die „Hamburger Brieftauben Reisevereinigung von 1889“ trifft. Nach der nächsten Kurve im erweiterten Garten des schwedisch anmutenden Hauses lassen sich ab dem Frühjahr (vom Bürgersteig der Straße) deutlich größere Vögel beobachten.

5 REITBROOK

Auch wenn der kleine Stadtteil Reitbrook mit gut 500 Einwohnern auf 6,9 Quadratkilometern weder eine Kirche, eine Schule noch eine Gaststätte besitzt, hat er doch viel zu bieten. Der alte Ortsname „Ragit“ wurde erstmals 1162 in einer Urkunde erwähnt, und hundert Jahre später begann man zusammen mit Neuengamme einen Ringdeich anzulegen, so dass das Land ganzjährig besiedelt werden konnte. Statt der in der Umgebung vorherrschenden Gemüsekultur ist Reitbrook aufgrund der sandigen Böden stärker von Milchwirtschaft und Getreideanbau geprägt.

Wir setzen unseren Weg fort bis zum Allermöher Deich 445. Von 1905 bis zum Jahr 1971 wurden hier die Klassen 1 bis 9 der Schule „Allermöhe oberwärts“ unterrichtet. Seit 2006 beherbergt das alte Schulhaus mehrere Künstlerateliers. In den ehemaligen Schulräumen arbeitet die bildende Künstlerin Dagmar Nettelmann-Schuldt mit unterschiedlichen Materialien. Die Arbeiten werden im wunderschönen Galerieflur präsentiert und

12 FÄHRSTEIN IN REITBROOK

13 REITBROOKER MÜHLE

können nach Absprache besichtigt werden. In regelmäßigen Abständen finden Ateliergespräche mit wechselnden Gästen statt. Die Künstlerin bietet auch Seminare zur Teambildung an.

In den ehemaligen Lehrerwohnungen fertigt die Keramikkünstlerin Karin Bablok Porzellanunikate, die in ganz Europa ausgestellt werden. Nach Absprache kann ihre Kunst auch vor Ort besichtigt werden, und die Künstlerin bietet regelmäßige Workshops in ihren Atelierräumen an.

Wir verlassen nun diesen Kunstort und wenden uns in Richtung der Reitbrooker Mühlenbrücke, an deren Ecke sich ein Gedenkstein findet (Abb. 12). Auf der Vorderseite wird an die alte Fährstelle von Odemann erinnert: „1744 – Hier fehret man mit Pferdewagen über die Elbe nach Reitbrook, Neugam und Zollenspieker". Die Familie Odemann betrieb hier ab 1596 auch eine Schankwirtschaft. Der Fährbetrieb wurde 1873 wegen des Baus der „Schiefen Brücke" zwischen Neuengamme und Curslack eingestellt. Erst 1892 wurde die Brücke gebaut, die direkt zum bedeutendsten Bauwerk des Ortes führt, einer Schrotmühle, deren Betrieb seit der Einräumung der entsprechenden Rechte im Jahr 1773 ebenfalls in der Hand der Familie Odemann lag. Als diese Mühle abbrannte, wurde 1870 der heutige Galerieholländer mit drehbarer Kappe gebaut (Abb. 13). Seit 1881 werden die Mühle und der heutige Laden für Mehl, Futtermittel, Gartenbedarf und Dünger von Familie Timmann betrieben. Auch wenn die Flügel noch im Original erhalten sind, kann seit den 1920er Jahren mit einem Elektromotor gemahlen werden, der eigentliche Mahlbetrieb wurde jedoch schon 1941 eingestellt. Links neben der Mühle steht noch das Geburtshaus von

Alfred Lichtwark, dem ersten Direktor der Hamburger Kunsthalle, dessen Vater Friedrich zwischen 1837 und 1854 die Reitbrooker Mühlenstelle betrieb. Nachdem der Mahlzwang 1848 aufgehoben wurde, zog die verarmte Familie 1860 nach St. Pauli. Auf der anderen Seite der Mühle wurde seit 2006 im Rahmen der Kunstaktion „Skulpturenlandschaft Reitbrook" mit dem Wiederaufbau des zwischengelagerten historischen Materials des Zeyn-Speichers vom Kupferhof begonnen.

Wir fahren nun den Vorderdeich entlang und folgen den Windungen der Gose-Elbe. Die am Weg liegende Freiwillige Feuerwehr Reitbrook von 1926 ist ein beliebter Treffpunkt für die vielen geschmückten Wagen und nicht zuletzt für zahlreiche Radfahrer an Himmelfahrt. An der Gabelung folgen wir dem Vorderdeich nach rechts und treffen bei der Hausnummer 275 auf den Milchhof Reitbrook, der seit über 400 Jahren von der Familie Langeloh bewirtschaftet wird, die sich früh vom Gemüseanbau und der Schweinezucht in Richtung eines innovativen Milchbetriebs orientiert hat. Um sich von den Großabnehmern unabhängig zu machen, gründeten die Höfe Langeloh und Kohrs im Jahr 1997 eine GbR zur Direktvermarktung ihrer Milcherzeugnisse im Mehrwegsystem. Als einer von nur dreißig Betrieben in Deutschland produziert der Hof auch die stark kontrollierte Vorzugsmilch – die 180 Milchkühe haben natürlich alle einen Namen. Mittlerweile werden eintausend private Abonennten, 200 Cafés und Supermärkte in Hamburg und Schleswig-Holstein beliefert. An den Sommerwochenenden lockt „Christines Open-Air-Café" Besucher an. Einen Einblick in das Hofgeschehen gaben die wöchentlichen Hofgeschichten des NDR. Wir radeln nun weiter über den Vorderdeich, biegen an der Brücke rechts ab und fahren bis zur Kirche.

6 ALLERMÖHE

Unter dem Namen „Anremutha", was so viel heißt wie „an der anderen Mündung" (der Dove-Elbe), wurde Allermöhe 1162 zuerst erwähnt und gehört zusammen mit einigen weiteren Marschendörfern seit 1395 zu

14 ALLERMÖHE – KIRCHENBRÜCKE, 1896

15 DREIEINIGKEITSKIRCHE, UM 1900

Hamburg (Abb. 14). Das alte Allermöhe rund um den Allermöher Deich mit seiner wunderschönen Kirche ist nicht zu verwechseln mit den beiden Großsiedlungen Neuallermöhe-Ost und Neuallermöhe-West auf der anderen Seite der Autobahn, die 1982 und in den frühen 1990er Jahren entstanden sind. Das Gleiche gilt für das Gewerbegebiet an der Autobahnausfahrt Allermöhe.

Wir gehen nun über den Friedhof zum seitlichen Eingang der Dreieinigkeitskirche (Abb. 15), deren Vorläufer die Petruskirche war. Im Jahre 1331 wurden die Glocken dieser Vorgängerkirche verkauft, um die Reparatur sturmgeschädigter Deiche finanzieren zu können. Der hölzerne Glockenturm an der Westwand stammt noch aus dem alten Gebäude und ist das älteste Bauwerk der Marschlande, die Bronzeglocke „Osanna“ geht auf das Jahr 1483 zurück. Der einschiffige Backsteinfachwerkbau mit polygonalem Chorraum wurde von 1611 bis 1614 erbaut. Hein Baxmann, ein bekannter Hamburger Holzbildhauer der Renaissance, schuf die Kanzel und den Altar, der wie auch die Kronleuchter und mehrere geschnitzte Bilder von den Betreibern der Fähre und des Fährhauses, Familie Odemann, gespendet wurde. Als die Kirche Ende 19. Jahrhundert kurz vor dem Abriss stand, setzte sich wie im Falle vieler anderer Gebäude Justus Brinckmann für den Erhalt ein. Für eine umfassende Sanierung wurde die Innenausstattung dann bis auf den Altar im Pfarrhaus zwischengelagert, das allerdings 1910 durch ein Feuer vernichtet wurde. Zum Glück konnten kurz zuvor ange-

16 + 17 RUDERJUNIORENWELTMEISTERSCHAFT AUF DER DOVE-ELBE, 2014

fertigte erste Fotos der Kirche bei der Neueinrichtung helfen. Der Künstler Max Grunwald erschuf 1957 zehn biblische Szenentafeln für die Orgelempore, die teilweise die Allermöher Landschaft miteinbeziehen.

Wir lassen die Kirche rechts liegen und folgen dem Deich bis zum Wasserpark Dove-Elbe. Bei Hausnummer 36 liegt auf der linken Seite zwischen der Dove-Elbe und einem großzügigen Parkplatz das Landesleistungszentrum des Hamburger Landesruderverbands. Hier kann es vor allem in den Sommermonaten sehr lebhaft zugehen. Für Großbaustellen wurde an dieser Stelle seit dem Jahr 1965 Kies und Sand abgebaut. Zu den ehemaligen Abbauflächen vis-à-vis der Dove-Elbe gehört auch der Eichbaumsee, der 1972 entstand. Bis 1977 die Regattastrecke ausgebaut wurde, gab es noch eine direkte Verbindung zum Fluss. Viele Jahre wurde hier gern gebadet, was jedoch seit 2007 wegen der starken Algenentwicklung verboten ist. Die vielen Spaziergänger können im Sommer in der beliebten Strandbude „Robin am See" verweilen, auf den Grünflächen zwischen Wassersportzentrum und See wird jedes Jahr das Wutzrockfestival veranstaltet. Auf der zum Bundes-Leistungszentrum von 1986 gehörenden Regattastrecke werden regelmäßig internationale Regatten wie etwa die Ruderjuniorenweltmeisterschaft im Jahr 2014 ausgerichtet (Abb. 16 + 17).

Wer mag, kann nun eine Runde um den See drehen. Auch einige alte Bauernhäuser und Reitställe auf dem nahen Allermöher Deich lohnen einen Besuch. Unsere Tour führt – falls gerade eine Regatta stattfindet – über die

18 FUSSGÄNGERBRÜCKE ÜBER DIE DOVE-ELBE

nach hitzigen Debatten mit Umweltschützern 1991 fertiggestellte Fußgängerbrücke mit beweglichem Mittelteil (Abb. 18). Andernfalls geht es wieder zurück in Richtung Kirche, über die Brücke, rechts in den Vorderdeich und wieder rechts auf den Reitdeich, der um die Autoschranke herum ins Naturschutzgebiet führt.

7 DIE REIT

Nachdem 1883 auf der Gemeindeweide der Reitbrooker Gehöfte Ton- und Mergellager entdeckt wurden, gründete sich hier die Aktien-Dampf-Ziegelei Reitbrook bei Hamburg. Wenige Jahre später wurden ein Ofenhaus, Trocknerschuppen, Belegschaftsunterkünfte sowie eine Direktorenvilla für die damals größte Ziegelei Bergedorfs errichtet, in der achtzig Mitarbeiter beschäftigt waren. 1930 stellte der damalige städtische Eigner den Betrieb ein, fast alle Gebäude samt Schornstein wurden gesprengt. Die verbliebenen Unterkünfte wurden zwischen 1935 und 1945 vom NS-Reichsarbeitsdienst als Lager genutzt. Nach dem Krieg dienten sie dann auch als Flüchtlingsunterkunft, bis die letzten Zeugnisse der ehemaligen Ziegelei endgültig abgebrochen wurden.

Wegen seiner Bedeutung als Brut- und Rastgebiet mitteleuropäischer Sing- und Zugvögel wurde die Reit, ein Feuchtgebiet mit Schilfwäldern und einem Birkenbruchwald, 1971 zum Naturschutzgebiet erklärt. Zwei Jahre später eröffnete der NABU hier eine Beobachtungsstation zur Beringung und Vermessung von Kleinvögeln (Abb. 19). Über zweihundert und vor allem viele besondere Vogelarten wie etwa der Drosselrohrsänger, der Eisvogel und der Fischadler konnten bereits nachgewiesen werden. Neben den Vögeln leben in der Sumpflandschaft auch verschiedene Amphibienarten wie der Kammmolch, für den extra hergerichtete flache Gewässer durch eine Windpumpe kontinuierlich mit Wasser versorgt werden. Nicht zuletzt wegen der Kammmolchpopulation wurde das Gebiet der Reit ins Verzeichnis der EU-Flora-Fauna-Habitate aufgenommen. Da vor allem Kröten (Abb. 20) die Angewohnheit pflegen, von ihrem Winterstandort zum Laichgebiet auf der anderen Deichseite zu wechseln und es dabei in der Vergangenheit wahre „Massaker“ gegeben hat, ist die Straße vom 1. Februar bis zum 15. November für Autos gesperrt. Am Ende des Wäldchens treffen wir auf die Vordeichlandschaft entlang der Gose-Elbe und können dort auf dem extensiv beweideten Grünland größere Bestände der seltenen Schachblume entdecken.

Hinter der zweiten Schranke verlassen wir die Welt der geschützten Vögel und Amphibien und werden bald rechtsherum zur Reitschleuse geführt, die seit 1924 die Gose-Elbe von den Gezeiten abtrennt, um dann als Vorfluter einer mittels eines Pumpwerks betriebenen Be- und Entwässerungsanlage für die oft überschwemmten tiefliegenden Marschlande mit Norder-, Süder-, Dove- und Gose-Elbe zu dienen. Etwas weiter vorn am Ochsenwerder Norderdeich 109 steht der massive Klinkerbau des Pump- und Überschöpfwerks. Wir biegen nun rechts ab und fahren bis zu dem gepflegten Garten bei der Hausnummer 50.

19 SCHILFROHRSÄNGER

20 ERDKRÖTE

8 OCHSENWERDER

Unter dem Namen „Ameneberg" wurde Ochsenwerder bereits 1142 erstmals urkundlich erwähnt. Kurz darauf wurden die ersten Deiche errichtet, die jedoch bei mehreren Sturmfluten wiederholt beschädigt wurden. Weil die Reparatur mit hohen Kosten verbunden war, verkaufte der damalige Landesherr Graf von Holstein das Gebiet schon 1395 an die Stadt Hamburg, deren jeweils neuntältester Senator ab 1461 die Landherrenschaft zu übernehmen hatte, um auf diese Weise Handel und Schifffahrt auf der Elbe von Hamburg aus zu sichern. Anfangs wurde hier vor allem Getreide angebaut, dann verlagerten die Höfe den Anbau auf Gemüse und schließlich auch Blumen.

Die Gärtnerei Sannmann bewirtschaftet den Hof am idyllisch gelegenen Brack nun schon über zweihundert Jahre, seit 1986 wird ausschließlich nach den Methoden des biologisch-dynamischen Demeter-Anbaus gearbeitet (Abb. 21). Thomas Sannmann ist es dabei zu verdanken, dass die vergessene Tomatensorte „Vierländer Platte" eine Renaissance erlebt hat (Abb. 22). Zufällig schenkte dem Landwirt im Jahr 1985 ein Vierländer Gärtner Saatgut, das schon mehrere Jahre alt war, auf wundersame Weise keimte und dessen Ertrag nun fest ins Sortiment integriert ist. Die Tomaten und alle übrigen Produkte werden bei verschiedenen Partnern, über

21 GÄRTNEREI SANNMANN

22 TOMATENSORTE „VIERLÄNDER PLATTE"

ein Gemüse-Abo und im Hofladen vertrieben. Eine Neuerung sind seit 2014 die stark nachgefragten Gemüseparzellen für Hobbygärtner in den hofeigenen Biogärten. Regelmäßig zu Gast ist der NDR, wenn über landwirtschaftliche Themen aus der Sicht eines Biogärtners berichtet wird.

23 ST.-PANKRATIUS-KIRCHE

Wir fahren weiter in Richtung des Dorfkerns von Ochsenwerder. Nach wenigen Kurven geht es links in den Eichholzfelder Deich. Direkt an der Gabelung zum Alten Kirchdeich steht der Rest des ehemaligen Gasthofs Riege, der schon 1829 das Schankrecht erhielt und dessen stattlicher Saal sogar zeitweilig als Turnhalle diente. Nach grundlegenden Um- und Anbauten haben hier 2017 die Mitglieder eines Wohnprojekts eine Heimat gefunden.

Am Alten Kirchdeich 3 befindet sich die St.-Pankratius-Kirche (Abb. 23), deren Vorgängerbau bereits 1332 hier errichtet wurde. Ein erster Pfarrer wurde in Ochsenwerder schon 1244 erwähnt. Der Backsteinbau auf einer flutsicheren Elbsanddüne diente ab 1674 den etwa tausend Gläubigen des Kirchspiels, das bis heute aus Moorwerder, Spadenland, Tatenberg und Ochsenwerder besteht. Der anfangs freistehende hölzerne Glockenturm wurde 1741 durch den kupfergedeckten Turm ersetzt. Der manieristische Altar, das Juratengestühl und vermutlich auch die Kanzel stammen von Hein Baxmann, dessen Werken wir bereits in der Dreieinigkeitskirche in Allermöhe begegnet sind. Der Taufstein geht auf das Jahr 1702 zurück, die Orgel auf das Jahr 1708. Ihr Erbauer Arp Schnittger erlitt kurz vor der Vollendung dieser Orgel einen Schicksalsschlag, als sein Sohn in der nahen Elbe ertrank. Im Jahr 2017 wurde der Heiligabend-Gottesdienst von der ARD live aus der St.-Pankratius-Kirche übertragen.

Wir treten aus der Kirche heraus und gehen links herum über den Friedhof zum Backsteinportal, der Leichenhalle. Danach geht es rechts zum Pastorat, einem Fachwerkbau von 1634, der 108 Jahre später neu aufgebaut wurde (Abb. 24). Der Wirtschaftsteil wurde 1945 durch eine Bombe

BRACK

Bracks sind besondere Gewässer, die nach einem Deichbruch entstehen und auch als Strudellöcher bezeichnet werden. Wenn bei Sturmfluten das Wasser aus der Nordsee in die Elbe strömte, wurden schwache Deiche gelegentlich unterspült, so dass es hinter den Bruchstellen zu sogenannten „Auskolkungen", das heißt Vertiefungen der Flusssohle kam. In Hamburg und Umgebung sind viele dieser Zeugen oftmals verheerender Unglücke zu finden – in den Vier- und Marschlanden noch neunundsechzig. Nach einem Deichbruch musste für die Anlage des neuen Deichs um diese Wasserstellen herum geplant werden. Viele Bracks sind heute nicht mehr zu erkennen, weil sie über die Jahre anderen Zwecken dienten und zum Beispiel als Müllgruben verwendet wurden. Vielen Tieren und Pflanzen bieten sie allerdings einen wichtigen Lebensraum. Manche dieser Teiche wie das Pastorenbrack oder das beim Hof des Biogärtners Sannmann gelegene sind sehr malerisch. Das Kiebitzbrack auf der Grenze zwischen Neuengamme und Kirchwerder – das größte in der Gegend – steht seit 1985 unter Naturschutz, nicht unter Schutz gestellte Bracks sind dagegen mitunter stark überdüngt. Einige dieser Gewässer wie etwa das Sandbrack in Fünfhausen werden im Sommer sogar zum Baden und im Winter zum Schlittschuhlaufen genutzt.

24 OCHSENWERDER KIRCHE MIT PASTORAT VOR 1910

25 BAHNHOF FÜNFHAUSEN, 1935

zerstört. Im sanierten Pastorat sind einige Decken mit schlichtem Rokoko-Stuck geschmückt. Das direkt vor dem Pastorat liegende Gewässer wird Pastorenbrack genannt. Es entstand 1602 durch einen Deichbruch und bildet heute zusammen mit Kirche und Pastorat eine schützenswerte Einheit. Auf dem Alten Kirchendeich begeben wir uns wieder zum ehemaligen Gasthof Riege und biegen an der Ecke links ab in den Ochsenwerder Kirchendeich. Nach wenigen Metern liegt das Pastorenbrack in seiner vollen Pracht vor uns. Nur wenige Meter weiter verläuft der Rad- und Wanderweg Marschbahndamm, in den wir links einbiegen und den wir bis Fünfhausen nicht mehr verlassen.

9 FÜNFHAUSEN / OORTKATEN / OVERWERDER

Beim idyllischen Sandbrack in Fünfhausen verlassen wir den Marschbahndamm und kommen am Lauweg 4 am ehemaligen Bahnhof Fünfhausen vorbei (Abb. 25), der 1994 abgerissen und wieder neu aufgebaut wurde. Heute bietet hier das „Ristorante Al lago" italienische Küche an. Wir biegen nun rechts in den Durchdeich ab, dem wir am Supermarkt entlang, dann an der Gabelung rechts und hinter der Freiwilligen Feuerwehr Fünfhausen gleich wieder links folgen. Am Warwischer Hinterdeich geht es links ab, bis rechts der Overwerder Weg uns zur Badestelle und zum beliebten Imbiss „Kleines Glück am See" am Südufer des Oorkatener/Hohendeicher Sees führt.

26 OORTKATENER SEE

27 STELZENHAUSSIEDLUNG OVERWERDER IN DEN 1930ER JAHREN

Die Sturmflut von 1962 veranlasste die Hamburger Verantwortlichen, in den flutgefährdeten Gebieten die Deiche zu erhöhen. Der 2260 lange und 440 Meter breite See entstand durch die Entnahme von Kies und Klei aus dem Vorland des alten Deichs und war auf der Ostseite schon bald eine neue Heimat für Campingfreunde. Im Sommer kann es am Badestrand des Südufers recht eng werden, und manch ein Badegast hat sich hier auch schon über plötzlich auftauchende Menschen mit Sauerstoffflaschen erschrocken, die in einem markierten Bereich nach einer Tauchglocke, einer Übungsplattform mit Werkbank und einer eigens versenkten Telefonzelle suchen. Am Südwestufer können Bergedorfer Schüler das Segeln lernen, am nördlichen Westufer teilen sich weitere Segler und Windsurfer das an manchen Stellen 19 Meter tiefe Gewässer (Abb. 26). Hartgesottene Eisbader schlagen sich im Winter regelmäßig Löcher in die zugefrorene Oberfläche.

Am Ende des Südufers überqueren wir den Overwerder Hauptdeich und halten uns rechts, bis links ein Weg über den Deich in die Stelzenhaussiedlung Overwerder führt (Abb. 27). Über viele Jahrhunderte gehörte das Gelände Bauern von der anderen Elbseite, die hier bis 1925 im Sommer ihr Vieh weiden ließen. Als das Land öffentlich zur Verpachtung ausgeschrieben wurde, übernahm es die Strandvereinigung Overwerder. Auch die Mitglieder des Freien Wassersportvereins „Vorwärts“ und des Arbeiter-Wassersport-Vereins verbringen seither ihre Sommer an der Elbe.

Die ersten grün-weißen Hütten auf dem Gelände, das im Winterhalbjahr meist überspült ist, waren vier lediglich mit Haken verbundene Bretter samt einem Dach aus Dachpappe, die im Winter zusammengeklappt wurden und im Gasthaus überwinterten. Zwischen den Weltkriegen und in der Nachkriegszeit reiste man gern mit den Lauenburger Dampfern von Hamburg nach Overwerder oder es ging mit dem Zug nach Fünfhausen und dann das letzte Stück zu Fuß. In der Kriegszeit lebten ausgebombte Mitglieder der Vereine dauerhaft in der Hüttensiedlung. Die Zeit des Nationalsozialismus beendeten Gegner des NS-Regimes in der kommunistisch geprägten Anlage 1945 mit der symbolischen Verbrennung einer Strohpuppe in SA-Uniform. Die flutschutztechnisch schwierige Lage Overwerders im Deichvorland führt immer wieder zu Diskussionen über den Fortbestand der gut fünfhundert Hütten.

Wir kehren zum Deich zurück und fahren nun am Westufer des Sees entlang. Fast am Ende des Ufers liegt auf der linken Seite der Hafen Oortkaten, der ebenfalls ein Ergebnis des Deichbaus war. Von hier aus ist es nicht mehr weit, bis wir vom Gauerter Hauptdeich auf die Bunthäuser Spitze – den südlichsten Punkt der Elbinsel Wilhelmsburg – blicken können. Hier bei Flusskilometer 610 teilt sich die Elbe in die Norder- und die Süderelbe. Wir fahren weiter bis nach Spadenland.

10 SPADENLAND

28 SPADENLAND, 1907

Wenige Meter hinter dem Elversweg beginnt der dünnbesiedelte Stadtteil Spadenland, der im Norden von Norderelbe und Dove-Elbe begrenzt wird (Abb. 28). Seit 1371 wurde dieses Gebiet Inwarder oder Ochsenwerder Ausschlag genannt und diente sturmflutgeschädigten Bauern aus Ochsenwerder damals

29 SCHAFE AUF DEM ELBDEICH

als Ausgleichsfläche. Die Bezeichnung Spadenland wird seit 1465 verwendet und soll sich vom damaligen Spatenrecht ableiten, mit dem es folgende Bewandtnis hat: „Wer nicht will deichen, muss weichen“ – mit diesem Spruch sollten die Anwohner dieser flutgefährdeten Region dazu angehalten werden, den eigenen Deich ordnungsgemäß zu pflegen. Wer dies nicht tat, dem wurde als Verweigerer des gemeinschaftlichen Deichbaus ein Spaten ins Grundstück gerammt. Zog nun jemand diesen Spaten heraus, so war er fortan der neue Besitzer. Auf mutwillige Zerstörung des Deichs stand nach alter Billwerder Rechtsprechung sogar der Tod durch Rädern. Seit der Sturmflut von 1962 gehören die Deiche der Stadt Hamburg, die eng mit den zehn „Deichgeschworenen“ sowie dem Deichvogt des Deichverbands der Vier- und Marschlande kooperiert. Für nachhaltigen Deichschutz sorgen auch die beiden städtischen Schafherden, die das ganze Jahr über das Gras der etwa 31 Kilometer langen Deichanlage kurz halten, düngen und festtreten (Abb. 29).

Am Ruschorter Hauptdeich liegt das Hauptquartier der Freiwilligen Feuerwehr Spadenland von 1893, die alle drei Jahre das größte Oktoberfest Norddeutschlands veranstaltet. Im Winter sind die freiwilligen Helfer für gerade einmal 510 Einwohner zuständig, während die vielen Kleingartenkolonien in Richtung Tatenberg das Einsatzgebiet im Sommer auf 4500 Personen anwachsen lassen. Einige Höfe bieten ihre Erzeugnisse in

30 + 31 GASTHOF „GOLDENER KRINGEL“ IN DEN 1950ER JAHREN UND „MARSCHLÄNDER ELBLOUNGE“ HEUTE

Ständen an der Straße an. Das Ausflugslokal „Marschländer Elblounge“ – der sanierte ehemalige Gasthof „Goldener Kringel“ (Abb. 30) – eignet sich wunderbar für ein beschauliches Ende der Tour. Von der Lounge aus lässt sich direkt auf die vorbeifließende Elbe gucken (Abb. 31).

CAFÉS / RESTAURANTS

Landhaus Voigt
Ochsenwerder Norderdeich 113
www.landhaus-voigt.de
→ *regionale Küche direkt an der Gose Elbe*

Marschländer Elblounge
Spadenländer Elbdeich 40
www.marschlaender-elblounge.de
→ *regionale Spezialitäten am Elbdeich*

Panorama Restaurant
Grachtenplatz 11
www.panorama-bergedorf.de
→ *familiärer Kultgrieche*

Restaurant Wein- und Friesenstube
Ochsenwerder Kirchendeich 10
→ *regionale Speisen im erweiterten Kolonialwarenladen*

Ristorante Al Lago
Lauweg 4
→ *italienische Küche im Alten Bahnhof*

Ristorante Mamma Mia
Am Güterbahnhof 17 E
www.mamma-mia-bergedorf.de
→ *italienische Küche in historischer Frachthalle*

Hotel / Restaurant Zum Eichbaum
Moorfleeter Deich 477
www.hotel-restaurant-zum-eichbaum-hamburg.de
→ *regionale Küche im urigen Gastraum oder auf der Außenterrasse*

LÄDEN

Ackerperlen
In der Weide 56
www.ackerperlen.de
→ *Bio-Hofladen, Abo-Kisten, Events*

Demeter Gärtnerei Sannmann
Ochsenwerder Norderdeich 50
www.sannmann.com
→ *Biogemüse im Hofladen, Abo-Kisten, Mitmachgärten*

Milchhof Reitbrook
Vorderdeich 275
www.milchhof-reitbrook.de
→ *Direktvertrieb regionaler Milchprodukte und Sommercafé*

Mitmachgartenbau
Warwischer Hauptdeich 72
www.mitmachgartenbau.de
→ *selber ernten, Workshops, Events*

Reitbrooker Mühle
Reitbrooker Mühlenbrücke 1
www.reitbrooker-muehle.de
→ *Mehl, Tierfutter und Dünger in der alten Mühle*

HOTELS

H4 Hotel
Holzhude 2
www.h-hotels.com
→ *zentral gelegenes Stadthotel*

Moteleum
Weidenbaumsweg 52
www.moteleum.de
→ *modernes „Check-in-Hotel“*

FREIZEIT / SPORT

CMS Musikschule
Kurt-A.-Körber-Chaussee
www.cms-musikschule.de
→ *vielseitige private Musikschule*

Harderhof
Moorfleeter Deich 395
www.harderhof-kinderfeste.de
→ *Kindergeburtstage und Reitpädagogik*

Paddel Meier
Heinrich-Osterath-Straße 256
www.paddel-meier.de
→ *Kanu-, Kajak-, SUP-Verleih an der Gose Elbe*

Spielscheune der Geschichten
Marie-Henning-Weg 1
www.spielscheune-der-geschichten.de
→ *Indoor-Spielplatz und Geschichten für Kinder*

Swingolf Hamburg
Gauerter Hauptdeich 105
www.swingolf-hamburg.de
→ *Swing- & Fußballgolf und Kuchen & Snacks im Dielencafé hinterm Deich*

KULTUR

Ateliers im Alten Schulhaus
Allermöher Deich 445
www.karinbablok.de und www.dn-schuldt.de
→ *Keramik, bildende Kunst, Workshops, Ausstellungen*

KörberHaus (Eröffnung 2022)
Holzhude 1
www.koerberhaus.de
→ *Kultur- und Veranstaltungshaus mit u.a. Theater, Bücherhalle, Volkshochschule*

KulturA/Kulturzentrum Neuallermöhe
Otto-Grot-Straße 90, www.sprungbrett-bergedorf.de/6-1-kulturA
→ *Kultur in der Nachbarschaft*

SOZIALES / NON-PROFIT

Forschungsstation Die Reit
Reitbrooker Westerdeich 68
→ *Forschung zum Vogelzug, Führungen von Juni bis September*

Zentrale Kleiderkammer Bergedorf
Weidenbaumsweg 69 B
www.sprungbrett-hh.de/sprungbrett/tauschlandkleiderkammer
→ *Annahme und Ausgabe von Kleiderspenden*

VON LOHBRÜGGE NACH TATENBERG 6

Alte Holstenstraße * Lohbrügger Markt * Sande * Erlöserkirche * Wasserturm „Sander Dickkopp“ * Boberg * Billwerder * Moorfleet * Tatenberg

STARTPUNKT: Bergedorfer Bahnhof (S2 / S21 / Interregio / ZOB)
ENDPUNKT: Tatenberger Deich 68 (Bus 122 / 224, Haltestelle Fasanengrund)
DAUER: etwa 3 Stunden mit dem Fahrrad

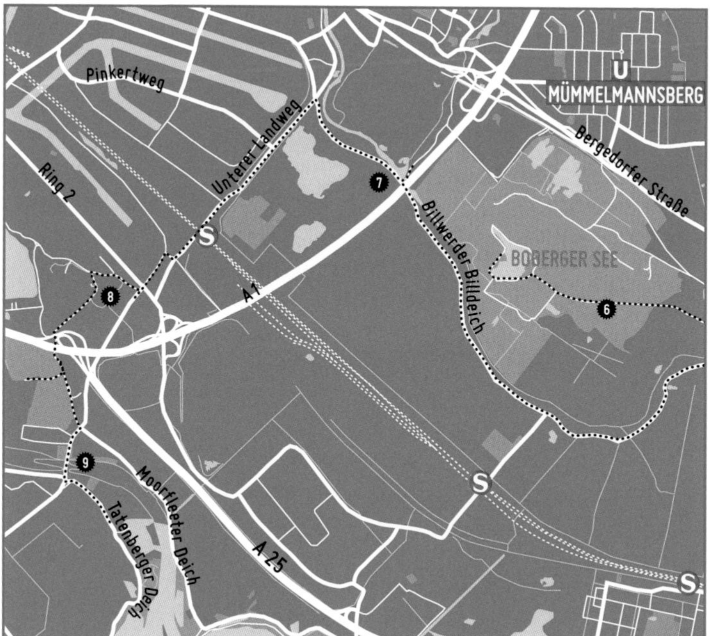

Am Anfang dieser Fahrradtour widmen wir uns zunächst Lohbrügge bzw. dem früheren Sande. Seit der ersten Erwähnung 1257 war Lohbrügge über die Jahrhunderte nicht mehr als ein holsteinisches Bauerndorf mit sechs Höfen, während sich Bergedorf schon früh zum Städtchen entwickelte. Eine seit jeher zwischen den beiden Nachbargemeinden bestehende Rivalität wurde durch die Zollgrenze von 1600 noch verschärft. Auch heute soll es noch vereinzelt Bergedorfer geben, die behaupten, nie einen Fuß auf das Gebiet jenseits der Eisenbahnbrücke an der Alten Holstenstraße gesetzt zu haben. Von 1773 bis 1865 geriet Lohbrügge unter dänische Zollhoheit und gehörte bis zum Groß-Hamburg-Gesetz von 1937 als Teil Holsteins zu Preußen. Zuvor waren Lohbrügge, Ladenbek und Sande 1895 zu „Sande" verschmol-

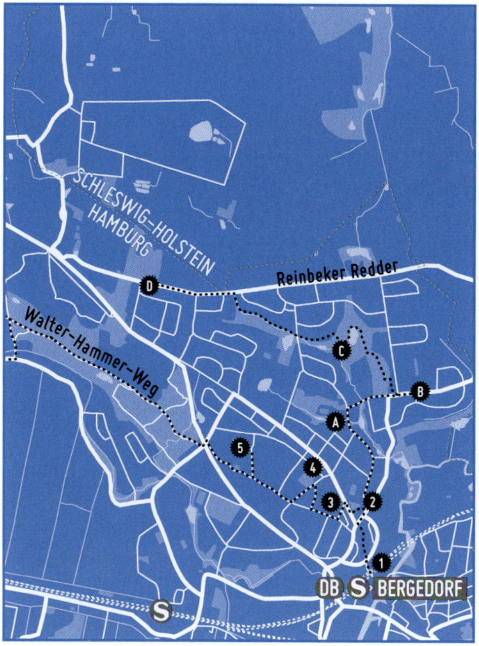

zen worden, obwohl die Lohbrügger damit aufgrund ihrer längeren Geschichte nicht einverstanden waren. Als 1929 noch Boberg hinzukam, wurde die Gemeinde schließlich „Lohbrügge" genannt. Unsere Tour beginnt am Bahnhof und führt über den Lohbrügger Teil der Alten Holstenstraße zum Lohbrügger Marktplatz. Eng verknüpft mit der Entwicklung Lohbrügges ist das Wirken des für die sozialen Belange seiner Belegschaft besonders engagierten Industriellen Wilhelm Bergner und seines Bergedorfer Eisenwerks. Vom Markt geht es weiter zur „LOLA“, dem ehemaligen Gemeindezentrum von Sande, bis wir über kleine Gassen wie das Sträßchen „Am Klapperhof“ am Bergedorfer Campus der Hochschule HAW mit ihrer Fakultät für „Life Sciences“ vorbeikommen. Danach besuchen wir die Erlöserkirche und treffen wiederholt auf den wohltätigen Herrn Bergner. Natürlich darf auf dieser Tour das Wahrzeichen Lohbrügges nicht fehlen – mitten in einem Wäldchen liegt der Wasserturm „Sander Dickkopp“. Anschließend bleiben wir im Grünen und radeln durch das Naturschutzgebiet Boberger Niederung zu den Boberger Dünen und dem nördlich gelegenen Segelfluggelände. Boberg liegt in direkter Nachbarschaft zum Marschländer Dorf Billwerder. Hier werfen wir einen Blick in die St.-Nikolai-Kirche und machen beim Maler- und Lackierermuseum im historischen Glockenhaus Station. Durch das Billwerder Gewerbegebiet gelangen wir nach Moorfleet, wo uns das „Grüne Kompetenzzentrum Hamburg“ empfängt. Hier besichtigen wir die letzte Kirche auf unserer Tour durch die Vier- und Marschlande, die ebenfalls St. Nikolai geweiht wurde. Unweit des Golfplatzes „Red Golf Moorfleet“, dessen heute sanierter Boden einst Schauplatz eines großen Umweltskandals war, wird seit 2020 der bedrohte Schierlings-Wasserfenchel angesiedelt. Den Abschluss unserer Touren durch den Bezirk Bergedorf bildet Tatenberg, dessen Schleuse für auswärtige Besucher ein schönes Ziel für die Landpartie ist.

1 + 2 ALTE HOLSTENSTRASSE UM 1900 UND IN DEN 1960ER JAHREN

1 ALTE HOLSTENSTRASSE

Wir verlassen den Bergedorfer Bahnhof auf der Lohbrügger Seite und biegen danach rechts ab. Am Ende des Fußgängerwegs treffen wir auf die Alte Holstenstraße. Hier befindet sich direkt am Herzog-Carl-Friedrich-Platz der alte Grenzstein zum beiderstädtischen Bergedorf von 1726. Dieser Abschnitt der alten Heer- und Handelsstraße zwischen Hamburg und Berlin bildete den Kern der Gemeinde Sande und hieß damals noch „Große Straße“. Bis zum Jahr 1840 wurden hier ausschließlich Fachwerkkaten gebaut, die seit Mitte des 19. Jahrhunderts Ziegelkaten wie zum Beispiel den Häusern mit den Nummern 45 und 47 wichen (Abb. 1). Um die Jahrhundertwende kamen mehrgeschossige Mietshäuser wie die Gebäude Alte Holstenstraße Nummer 43, 51 und 53 hinzu (Abb. 2). Beim Grenzstein überqueren wir die Straße und halten uns links.

Wir begeben uns nun in das Jahr 1864, als Sande noch dänisch verwaltet wurde. In diesem Jahr verlegte der Industrielle Wilhelm Bergner seine Maschinenfabrik und Eisengießerei nicht nur wegen der wenige Jahre zuvor entstandenen Bahnlinie von Geesthacht nach Sande (Abb. 3). Auch die Zollfreiheit war für die Produktion und den Verkauf von Landmaschinen natürlich attraktiv. Schließlich ließ die Eröffnung der benachbarten „Nagelfabrik Bergedorf“ im Jahr 1883 die Bevölkerungszahl Sandes, die 1860 bei 500 Einwohnern gelegen hatte, auf 6780 Bewohner im Jahr 1908 anwachsen. Mit der Industrialisierung entwickelte sich die Alte Holstenstraße zur Geschäftsstraße, in der aber auch

3 EISENGIESSEREI UND MASCHINENFABRIK, O.J.

4 SANDER ZOLLHAUS, UM 1930

mehrere Tanzlokale beheimatet waren, die aufgrund der Enge in den Arbeiterwohnungen gern aufgesucht wurden. Als die Bergnerwerke 1974 von Bergedorf nach Glinde zogen, wurde auf dem ehemaligen Firmengelände – am bei der Kreuzung rechts abzweigenden Ludwig-Rosenberg-Ring – eine Wohnsiedlung für 3500 Menschen errichtet. Das Denkmal „Der Eisengießer" an der wenige Meter dahinter rechts einmündenden Wilhelm-Bergner-Straße erinnert noch an Sandes ehemals größten Arbeitgeber.

Unsere Tour führt uns nun in die Fußgängerzone und zum großen Einkaufszentrum auf der linken Seite, das seit 1987 die Lohbrügger mit den Dingen des Alltags versorgt. An seinem heutigen Standort ließ der dänische König Frederik VI. im Jahr 1839 das Sander Zollhaus bauen (Abb. 4). Links vom Eingang erinnert eine Kopie des Wappensteins an das Gebäude, das 1972 abgerissen wurde. Bereits ab Mitte der 1960er Jahre hatte viele alte Häuser der Umgebung das gleiche Schicksal ereilt. Auf unserem Weg durch die Alte Holstenstraße kommen wir an Bergedorfs einzigem Kino und an der Bücherhalle vorbei, die demnächst ins KörberHaus umziehen wird. Am Ende der Fußgängerzone überqueren wir die Kreuzung am Sander Damm und schlendern über den Lohbrügger Markt.

2 LOHBRÜGGER MARKT

An jedem Mittwoch und Samstag wird auf dieser Fläche der Wochenmarkt abgehalten. Daran erinnern am nördlichen Ende seit 1990 die bronzenen Marktschreier Gerda und Heinz des Bildhauers János Enyedi (Abb. 5).

5 BRONZENE MARKTSCHREIER

6 GRUNDSCHULE LEUSCHNERSTRASSE, 1898

Nicht weit entfernt von ihnen steht eine mächtige Bismarckeiche der Sander Militärkameradschaft, die 1870/71 nach dem Sieg über Frankreich und als Symbol der Reichseinigung aus Bismarcks Sachsenwald geholt und hier gepflanzt wurde.

Wir widmen uns nun dem gegenüberliegenden Schulgebäude, in dem sich heute die Grundschule Leuschnerstraße befindet (Abb. 6). Der Lehrer, der in dem Vorgängerbau des heutigen Gebäudes von 1838 wirkte, hatte damals noch die zusätzliche Aufgabe, die Schulkoppeln zu bewirtschaften. Das Jungenschulhaus von 1885 wurde schon vor langer Zeit abgerissen, während die 1932 mit einem Neubau verbundenen Mädchenschulhäuser erhalten sind. Nach dem Zweiten Weltkrieg diente das Gebäude ein Jahr lang als Lazarett. Im abschüssigen Leuschnerpark vor der Schule wird seit einigen Jahren jeden Herbst ein Seifenkistenrennen veranstaltet.

Wir lassen den Park rechts liegen und nähern uns dem ehemaligen Haus des Sander Arztes aus dem Jahr 1905. Dieser Backsteinbau ist das einzig erhaltene Gebäude aus der Jahrhundertwende am Marktplatz und hat eine wechselvolle Geschichte erlebt. Die englischen Besatzer nutzten es zwischenzeitlich als Kasino – bei Umbaumaßnahmen entdeckten Bauarbeiter kurioserweise alte Revolver in den Rollladenkästen. Als 1985 der letzte Mediziner ausgezogen war, erfreute sich in dem Gebäude zwanzig Jahre lang die original englisch eingerichtete Kulturkneipe „Spectrum“ mit Auftritten vieler renommierter Künstler wie des Pianisten Gottfried Böttger, Hans Scheibner, Will Quadflieg oder Ulrich Tukur großer Beliebtheit. Seit 2011 besuchen hier viele Lohbrügger Kinder die vielfältigen Angebote des „KIKU" – des Kinderkulturhauses Lohbrügge. Direkt nebenan befindet sich seit 1882 die Freiwillige Feuerwehr Sande, die 1929 in „FF Lohbrügge" umbenannt wurde. Fast am Ende des Marktes gibt es seit den 1950er Jahren die öffentliche Bedürfnisanstalt mit angegliederter Gastronomie. Der klassischen Eckkneipe „Loma" folgte 2009 auf kleinstem Raum ein sehr beliebtes italienisches Restaurant. In dem zweigeschossigen Backsteinbau an der Ecke zur Lohbrügger Landstraße ist schon seit 1897 eine Apotheke ansässig. Wir biegen rechts in die Lohbrügger Landstraße ein und bleiben vor der Hausnummer 8 stehen.

→ ABSTECHER NACH LOHBRÜGGE NORD

Wer mag, kann nun der Leuschnerstraße am Ende der Marktfläche folgen und sich auf Spurensuche nach dem ursprünglichen Bauerndorf Lohbrügge machen. Ein letztes Zeugnis der bäuerlichen Vergangenheit geben die Bauernkate Leuschnerstraße 77 und die sieben Linden an der Kreuzung Leuschnerstraße / Binnenfeldredder. Der letzte der ursprünglich sechs Höfe, der Sanmannsche Hof, wurde 2006 unter Protest abgerissen. Seit 1976 wird in der Leuschnerstraße 91 im Thünen-Institut der für Bergedorf einst so wichtige Rohstoff Holz wissenschaftlich erforscht. Das hauseigene Holzmuseum – die Xylothek – umfasst über 35 000 Holzmuster. Auf dem

7 + 8 LOHBRÜGGE NORD, 1965 UND 1966/67

Bauernland in Lohbrügge-Nord entstand zwischen 1963 und 1970 eine moderne Großbausiedlung mit Hoch- und Mehrfamilienhäusern (Abb. 7 + 8). Glücklicherweise wurde zur gleichen Zeit die großzügige Parklandschaft „Grünes Zentrum" mit mehreren Spielplätzen, Rodelbahn, Tiergehegen und dem Ziegelteich angelegt. Im ehemaligen Depot des Schlossmuseums am Reinbeker Redder 81 lässt sich außerdem die Sammlung des Künstlers Jan de Weryha in einer ständigen Ausstellung besichtigen.

3 SANDE

Aufgrund seines kargen Dünenbodens konnte in Sande keine Landwirtschaft betrieben werden, so dass sich hier verstärkt Handwerker und Tagelöhner niederließen. Schon im Jahr 1868 wählten die Sander erstmals einen Bürgermeister und eigene Gemeindevertreter. Da die aufgrund der Fabrikansiedlungen wachsende Bevölkerung vorwiegend aus Arbeitern bestand, wurde hier ab 1898 mehrheitlich sozialdemokratisch und später auch kommunistisch gewählt, weshalb der Ort auch als „Rotes Sande" bezeichnet wurde. Ab 1904 fanden die Versammlungen der politischen Gemeindevertretung im Sander Gemeindehaus statt, das im Stil der norddeutschen Backsteingotik erbaut und 1936 mit der Apotheke verbunden wurde (Abb 9). Von 1937 bis 1992 wurde das Gebäude von der Polizeirevierwache 60 genutzt. Die Bergedorfer Kulturszene war sehr glücklich, als

9 + 10 SANDER GEMEINDEHAUS/POLIZEIREVIERWACHE, 1910, UND KULTURZENTRUM „LOLA" HEUTE

hier 1992 das Kulturzentrum „LOLA" einziehen konnte (Abb. 10). Regelmäßig treten bei den Veranstaltungen überregional bekannte Künstler auf, und samstags laden häufig DJs auf die meist brechend volle Tanzfläche. Die Gaststätte ist ein wichtiger Treffpunkt – im Sommer auch open air.

Nachdem wir das Kulturzentrum passiert haben, überqueren wir die Lohbrügger Landstraße und gehen rechts weiter bis zum Höperstieg, in den wir links einbiegen. Im Jahr 1949 hatte man diesen Weg nach dem Wiederentdecker des „Kasperle-Spiels" Johannes Rabe (1838–1924) benannt, gab ihm wegen der antisemitischen Äußerungen des Heimatdichters 2002 aber den Namen Höperstieg. Wenn wir auf das Höperfeld treffen, biegen wir rechts ab. Der Name „Höper" erinnert an das ehemalige Dorf Hope, von dem bis auf einigen Dünensand nichts übrig geblieben ist. Rund um das Höperfeld hatten sich wegen des vom großen Wohnraumbedarf getriebenen Baubooms in der zweiten Hälfte des 19. Jahrhunderts mehrere Ziegeleien angesiedelt. Wir setzen unseren Weg fort bis zum Klapperhof auf der rechten Seite. Die erste Häuserreihe 1–13 ist ein typisches Beispiel für Arbeiterhäuser aus der Zeit um die Wende zum 19. Jahrhundert, mit Toilette und Ställen im Hinterhof. Die schmiedeeisernen Gartenzäune und das Straßenpflaster sind noch original erhalten.

Auf der anderen Seite des Höperfelds befindet sich die Zufahrt zur HAW Hamburg mit der Fakultät „Life Sciences", die naturwissenschaftliche Erkenntnisse in lebensdienliche Technologien umsetzt und wie so vieles in Bergedorf auf Impulse des Industriellen Kurt A. Körber zurückgeht. Ein Vorläufer war 1956 das „Tabak Technikum Hamburg" auf dem Hauni-Firmengelände (Abb. 11). Nachdem Körber die Anschubfinanzierung getätigt hatte, wurde er wegen unterschiedlicher Auffassungen über Mit-

11 KURT A. KÖRBER IN DER INGENIEURSCHULE, 1966

bestimmungsrechte und Finanzierung der Einrichtung mit der Stadt Hamburg 1972 nicht zur Einweihung des Fachbereichs „Produktionstechnik, Verfahrenstechnik und Bioingenieurwesen" eingeladen. Von 1975 bis 2018 wurde hier übrigens auch die recht freizügige und über Hamburg hinaus bekannte Faschingsfete „LiLaBe" veranstaltet, zu der es in den 1980er Jahren freien Eintritt gegeben haben soll, wenn eine Matratze mitgebracht wurde. Wir gehen weiter und biegen rechts in die Poeckstraße ein, der wir bis zur Lohbrügger Kirchstraße folgen. Vor der Kirche bleiben wir stehen.

4 ERLÖSERKIRCHE

Anfangs hielt die 1894 gegründete Kirchengemeinde Sande ihre Gottesdienste noch im Gasthaus „Schwarzer Walfisch" ab. Als dann eine Fläche der Sander Dünen einem Waldbrand zum Opfer fiel, entschloss sich die Gemeinde zwecks eines Kirchbaus 1896 zum Kauf eines erhöht liegenden Grundstücks. Da der Architekt Hugo Groothoff den Gebäudekörper dem Straßenverlauf anpassen musste, wurde die Kirche nicht gen Osten, sondern nach Südwest-Nordost ausgerichtet. Für die Bauausführung war die bis heute bestehende Lohbrügger Bauuunternehmung Bentin zuständig (Abb. 12). Die Kleinteiligkeit und Differenziertheit der Außenfassade ist typisch für den neugotischen Stil der Hannoverschen Schule. Bis auf wenige Details wie die Stufen der Freitreppe, die Wasserspeier und die Emporenkonsolen des Inneren besteht das Mauerwerk ausschließlich aus Backstein. Der Innenraum ist ein Saal ohne trennende Seitenschiffe, aber mit Emporen, die Platz für jeweils eine Sitzbank bieten. Das hölzerne Altarretabel mit einer Darstellung des letzten Abendmahls wurde 1899 von Arthur Siebelist geschaffen, der zu den Gründungsmitgliedern des „Hamburgischen Künstlerclubs von 1897" gehörte. Vollständig erhalten geblieben sind die von der renommierten Münchner Firma Carl de Bouché ausgeführten Glasmalereifenster von 1899, die eine Schenkung von Agnes Bergner, der Frau des Besitzers der Bergedorfer Eisenwerke, sind. Die figürlichen Darstellungen dieses Zyklus enthalten Szenen des Neuen

Testaments. Auf der Wappenscheibe über dem Eingang weist die Inschrift auf Wilhelm Bergner als großzügigigen Spender für den Kirchenbau hin. Die Erlöserkirche wurde nach der gleichnamigen Kirche in Jerusalem benannt und am 19. März 1899 eingeweiht (Abb. 13).

Der Friedhof wurde in den Jahren 1895 bis 1897 als städtischer Friedhof der damaligen preußischen Gemeinde Sande angelegt. Bis dahin waren die Sander und die Lohbrügger im benachbarten Kirchsteinbek beigesetzt worden. Gut hundert Jahre später erfolgte dann die Umwidmung zur Parkanlage. Dabei blieben einige ausgewählte und schließlich umgesetzte Grabsteine alter Lohbrügger Familien erhalten. Den Mittelpunkt der alten Friedhofsanlage bildet ein imposanter gelber Backsteinbau, das Bergner-Mausoleum, das im Jahr 1900 unter Berücksichtigung von neoromanischen und byzantinischen Formelementen ebenfalls von dem Architekten Hugo Groothoff erschaffen wurde (Abb. 14). Der für Sandes Entwicklung bedeutende Wilhelm Bergner wurde 1904 hier beigesetzt, seine Frau Agnes Bergner ruht ebenfalls in dem Grabmonument. Der ökonomische Erfolg seiner Eisenwerke erlaubte Bergner ein umfangreiches soziales Engagement für seine Belegschaft: In seinem Unternehmen schuf er eine eigene Krankenkasse, eine Sparkasse, eine Unterstützungskasse

12 ERLÖSERKIRCHE IM BAU, 1898

13 ERLÖSERKIRCHE NACH FERTIGSTELLUNG, 1899

14 BERGNER-MAUSOLEUM

für in Not geratene Betriebsangehörige und sorgte für den Bau moderner Arbeiterwohnungen. Im nördlichen Teil des Lohbrügger Friedhofs, an der heutigen Marnitzstraße, steht die 1914 eingeweihte städtische Friedhofskapelle. Der Backsteinbau wird seit 1972 nicht mehr als Leichenhalle genutzt und dient seit 1991 der griechisch-orthodoxen Gemeinde als Versammlungsraum.

Die Kirche im Rücken, fahren wir nun die Lohbrügger Kirchstraße bis zur Kreuzung, biegen rechts ins Höperfeld ein und werfen einen kurzen Blick nach links auf einige anspruchsvollere Bauten mit aufwendigen Fassaden – das Lohbrügger Villenviertel. Wie das Kirchengelände war auch dieses Terrain 1892 durch den Dünenbrand zu Bauland geworden. Der Weg führt uns in der Kurve an der katholischen St.-Christophorus-Kirche von 1954 vorbei. Dieser Bau wurde notwendig, weil die katholische Gemeinde Bergedorfs nach dem Zweiten Weltkrieg durch den Zuzug von Flüchtlingen aus den Ostgebieten von 1000 auf 5000 Gläubige anwuchs. Wir begeben uns nun in den Wald hinein, folgen dem sandigen Walter-Hammer-Weg geradeaus und werden bei der zweiten sich zum Rechtsabbiegen bietenden Gelegenheit zum hier alles überragenden Wasserturm geführt.

5 WASSERTURM „SANDER DICKKOPP“

15 „SANDER DICKKOPP“ IN DEN 1930ER JAHREN

In den größeren Städten begann die Einrichtung einer zentralen Wasserversorgung seit der Mitte des 19. Jahrhunderts. Bis dahin hatten die Menschen ihr Trinkwasser aus Brunnen bezogen und gewannen es über Pumpen. Sande verfügte über keine Quelle, sondern nur über einen Schachtbrunnen, dessen Oberflächenwasser allerdings häufig stark verunreinigt war. Nach langwierigen Planungen und großen Widerständen konnte 1907 endlich das heutige technische

Denkmal und Wahrzeichen von Lohbrügge, das 1926 auch im Gemeindewappen verewigt wurde, im Stil der Neobacksteingotik verwirklicht werden (Abb. 15). Das Wasser wurde damals aus zwei etwa einhundert Meter tiefen Brunnen durch ein Wasserwerk in den 350 Kubikmeter fassenden Hochbehälter des Turms gepumpt. Nach Fertigstellung des 31 Meter hohen Turms wurde auch eine Aussichtsplattform freigegeben, die einen weiten Blick bis in die Vier- und Marschlande erlaubt. Durch das Schaftinnere führt eine Wendeltreppe empor, durch die auch die Wohnungen im Turm erschlossen werden. 1908 eröffnete der Maurer Adolf Siemers die erste Gaststätte im Wasserturm, zu der auch eine Außengastronomie gehörte. Hatten hier im Jahr 1927 noch die Altenehrung und die Fahnenweihe der SPD Sande stattgefunden, wurde der Wasserturm 1933 zunächst zum „Sturmlokal“ der SA und diente im Krieg als Flugabwehrstation. 1945 konnten Lohbrügger Frauen ein Kommando der Wehrmacht nur knapp von der Sprengung abhalten. Ab 1961 übernahm der ehemalige Schausteller und Zirkusartist Willy Schmidt den Turm und machte ihn wieder zu einem Ausflugslokal, dem nun ein Zoo angegliedert war. Nach schwierigen Zeiten pachtete die „Initiative zur Erhaltung historischer Bauten“ das marode Gemäuer dann 1984 und sanierte es in ehrenamtlicher Arbeit. In den folgenden Jahren wurde die Gaststätte von verschiedenen Pächtern betrieben, die die Räume für Ausstellungen, Konzerte, Lesungen und internationale Jugendworkcamps nutzten. Im Jahr 1994 wurde dem veranstaltenden Verein aber der Weiterbetrieb untersagt und der Turm an einen Privatinvestor verkauft, der die mit dem Kauf verbundenen Investitionsauflagen jedoch nicht umsetzte. Dies änderte sich erst 2012, als ein neuer Besitzer endlich mit den nötigen Sanierungsmaßnahmen begann. Zum Entsetzen des traditionell sozialdemokratisch geprägten Lohbrügge zog 2016 ein politischer Rechtsaußen in das Lohbrügger Wahrzeichen ein. Nur hundert Meter entfernt ragt seit 1987 ein Fernmeldeturm 138,5 Meter hoch in den Lohbrügger Himmel.

Wir fahren wieder zurück in den Wald hinein und halten uns an der Kreuzung rechts. Der Waldweg führt direkt an der Stadtteilschule

Richard-Linde-Weg vorbei, die 1957 zunächst unter dem Namen „Waldschule Lohbrügge“ eröffnet wurde. Am Ladenbeker Furtweg wechseln wir die Straßenseite, folgen dem Schild nach Billwerder und biegen hinter der Brücke über die B5 rechts in den Radweg ein, an dessen Ecke sich ein ungewöhnlicher Bau befindet, den der für seine skulpturalen Bauten bekannte Architekt Jürgen Mayer H. einem Baum nachempfunden hat. Die Stiftung „Unternehmer helfen Kindern“ gibt hier im „Homehaus“ seit 2008 Mädchen zwischen elf und siebzehn Jahren ein betreutes Zuhause. Der sandige Radweg führt uns am 1959 eröffneten Berufsgenossenschaftlichen Unfallkrankenhaus Boberg vorbei, neben der „Hauni“ der größte Arbeitgeber im Bezirk. Nachdem wir das Krankenhaus passiert haben, befinden wir uns im idyllischen Naturschutzgebiet Boberger Niederung.

6 BOBERG

Vor 15 000 Jahren entstand im Elbeurstromtal ein hundert Kilometer langer Binnendünengürtel. Das teilweise dichtbewachsene Gelände verhalf Lohbrügge über lange Zeit zum Ruf eines Hehler- und Schmugglernests, weil der damals von Dänemark erhobene Zoll hier geschickt umgangen werden konnte. Das 350 Hektar große stadtnahe Naturschutzgebiet liegt heute wie eine Insel inmitten von Wohnsiedlungen und Industrie. Es zeichnet sich durch fünf verschiedene Landschaften aus: Dünen, Elbmarschwiesen, Trockenrasenflächen samt Heidepflanzen, Achtermoor, Erlenbruchwälder. Wenn wir den Parkplatz „Boberger Düne“ erreicht haben, überqueren wir die Straße und fahren weiter, bis wir – bei guter Thermik – die leisen Flugzeuge über uns bemerken. Früher bestand das Gebiet, wo sich heute das Segelfluggelände befindet, hauptsächlich aus Dünensand, bis dieser ab 1840 für den Bau der Bahntrasse nach Berlin und für Großbauprojekte in den Stadtteilen Hammerbrook sowie Billbrook nach und nach abgebaut wurde. Nach dem Zweiten Weltkrieg dienten die hiesigen Torfvorkommen den frierenden Hamburgern als Brennmaterial. Segelflugaktivitäten, wie sie heute der „Hamburger Verein für Luftfahrt“

16 BOBERGER SEGELFLUGPLATZ

17 BOBERGER DÜNEN

und der „Hamburger Aero Club Boberg“ hier betreiben (Abb. 16), waren zu dieser Zeit untersagt. Die meisten Segelflugzeuge, die es vor dem Krieg in Hamburg gab, wurden von den Alliierten zerstört, und sämtliche fliegerische Aktivitäten inklusive des Modellbauflugs waren den Deutschen bis 1950 verboten. In mühseliger Handarbeit erstellten die Mitglieder des 1950 gegründeten „Aero Clubs Hamburg“ nach Wiederzulassung eine eintausend Meter lange Startbahn, wo der erste Flugbetrieb mit zunächst drei Maschinen im Juli 1952 wiederaufgenommen werden konnte. Bei der Flutkatastrophe 1962 diente das Areal als wichtige Basis für Hubschraubereinsätze der Bundeswehr. Auch aus ökologischer Sicht fügt sich der neben dem Fluggelände in Fischbek einzige Segelflugplatz in Hamburg gut in die Umgebung ein. Für verschiedene Arten wie den Perlmutterfalter, den Argusäugling oder die Feldlerche bietet der Magerrasen nämlich einen idealen Lebensraum. Vor Hamburgs Bauwut in den späteren Nachkriegsjahren ist das Areal verschont geblieben, weil einige seltene Pflanzenarten entdeckt wurden, dank derer die Boberger Niederung 1968 unter Landschaftsschutz gestellt wurde. Eine Schafherde hilft, den vor allem von den Fliegern unerwünschten Baumwuchs kleinzuhalten.

Der weitere Weg führt uns nun direkt zum Boberger See, der in den 1950er Jahren durch Kiesabbau entstand. Im Sommer kann es an der Hauptbadestelle am Nordostufers recht trubelig zugehen, das Südufer ist für Freunde der Freikörperkultur reserviert. Wir kehren dem See den Rücken zu und wollen ab dem Hans-Ulrich-Höller-Weg nun – am besten zu Fuß – die große Binnendüne erkunden (Abb. 17), die gut zwei Zentimeter im Jahr gen Norden wandert und einmal dreißig Meter hoch gewesen sein soll. Um der Dünenwanderung entgegenzuwirken, wird verstärkt tief wurzelnder Strandhafer gepflanzt, der eigentlich an den norddeutschen Küsten heimisch ist. Da wir uns in einem Naturschutzgebiet befinden, sollten wir den Anweisungen auf den Schildern unbedingt Folge leisten. Wer genug vom entspannenden Nordseefeeling der Dünen hat, fährt zurück in Richtung Parkplatz, biegt davor rechts ab und kann vor dem Boberger Dünenhaus der Loki Schmidt Stiftung anhalten. Nach vorheriger Anmeldung oder bei einer der zahlreichen Veranstaltungen informieren hier die Mitarbeiter der Stiftung über Fauna und Flora des Naturschutzgebiets.

Im Jahr 2018 wurden im nördlichen Bereich des Naturschutzgebiets auf einer Fläche von 1500 Quadratmetern stark erhöhte Dioxinwerte festgestellt, die vermutlich auf illegal entsorgte Chemieabfälle der Boehringer-Werke in Moorfleet aus den 1960er Jahren zurückzuführen sind. Das Dünenhaus informiert auf seiner Homepage über Hintergründe und die erforderlichen Maßnahmen der Entgiftung, die Hamburg noch Jahrzehnte beschäftigen und viele Hunderttausend Euro kosten werden.

Wenige Meter hinter dem Informationszentrum führt rechts ein malerischer Radweg an der Bille entlang.

7 BILLWERDER

Die Besiedlung des einst längsten Straßendorfs Europas zwischen Bergedorf und der Hamburger Stadtlandschaft, zu dem anfangs noch Allermöhe, Billbrook, Moorfleet, Neuallermöhe, Rothenburgsort und Nettelnburg gehörten, begann 1162. Als erstes Dorf der Marschlande ging „Billwärder" schon 1395 in Hamburger Besitz über. Fast zwei Jahrhunderte später gerieten die lieblichen Windungen der Bille dann ins Visier erholungssuchender Hamburger wie auch der Pastoren der Hamburger Hauptkirchen, die sich hier Lusthäuser mit Barockgärten erschufen, welche teilweise noch heute erhalten sind. Ein verändertes Gartenideal Anfang des 19. Jahrhunderts und die nahende Erschließung von Industrieflächen läuteten dann das Ende der hiesigen Landhauskultur ein. Hamburg nutzte nun verstärkt Billwerder Grund, um hier Gewerbe-, Industrie und Wohngebiete zu realisieren. In Hamburgs Reiterhochburg leben die streitbaren Einwohner von Billwerder heute (zusammen mit einigen hundert Pferden) auf ungefähr einem Drittel der früheren Fläche. Eine besondere Rolle spielt in Billwerder die „Dorfgemeinschaft Billwärder", die sich regelmäßig sehr vernehmbar in politische Belange einmischt. Dies war etwa der Fall, als 2015 die deutschlandweit größte Folgeunterkunft für 2500 Flüchtlinge am Mittleren Landweg realisiert wurde, oder betrifft die ab 2022 geplante Errichtung des neuen Stadtteils Oberbillwerder für 17 000 Bewohner bei der S-Bahn-Station Allermöhe. Viele Einwohner sehen es kritisch, wenn Hamburger Probleme dieser Größenordnung immer wieder in ihrer Gemeinde gelöst werden sollen.

Wir folgen nun dem sanften Billelauf, biegen nach mehreren Windungen links in den Ulrich-Höller-Weg ein und passieren nach dem Kreisel am Mittleren Landweg gleich rechts am Billwerder Billdeich 256 den ehemaligen Landsitz des Pastors der St. Michaeliskirche (Abb. 18). Das Reetdachhaus von 1650 wurde vor ein paar Jahren aufwendig saniert, wobei im Erdgeschoss und im ersten Stock alte Wandmalereien freigelegt werden konnten. Zur Straßenseite lädt die „Deichmamsell" zu Speis und Trank ein, während sich im hinteren Bereich die Reiter des Boberger Reitvereins ihrem Sport widmen. Wir fahren weiter stadteinwärts an der Bille entlang und kommen an dem ehemaligen Ausflugslokal St. Annenhof (Nummer 146) vorbei, dessen drohender Abriss im Jahr 1988 zur Gründung der „Dorfgemeinschaft Billwärder" führte. Direkt gegenüber dem Gasthof steht

18 PASTORENLANDSITZ, O.J.

ein Gedenkstein, der 1895 anlässlich der 500-jährigen Zugehörigkeit Billwerders zu Hamburg hier aufgestellt wurde. Wenige Meter weiter erhebt sich die Kirche St. Nikolai über den historischen Ortskern (Abb. 19).

19 ST NIKOLAI, BILLWERDER

Eine erste Kirche in „Bilnawerthere" wurde bereits 1251 erwähnt. Zur Einweihung des Folgebaus von 1739 komponierte Telemann eine Festkantate. Als bei Dachdeckerarbeiten im Jahr 1911 der Kirchturm Feuer fing, soll Justus Brinckmann, der damalige Direktor des Museums für Kunst und Gewerbe, aus dem vorbeifahrenden Zug gestürzt und trotz Warnungen in die Kirche gelaufen sein, um wertvolle Leuchter zu retten. Auch wenn sich die wiederaufgebaute Barockkirche in ihrer äußeren Form an den zerstörten Vorgängerbau anlehnte, lag nun der Fokus stärker auf städtischer Eleganz, für die etwa der Hamburger Michel ein Vorbild war. Mit verspielter Bauernarchitektur wie in den Vierlanden wurde hier jedenfalls nicht mehr gearbeitet. Die spätromantische Orgel stammt von dem Hamburger Orgelbauer Paul Rother. Im Turm befinden sich Reste alter Kieferknochen eines Wals, den ein Billwerder Walfänger vor gut dreihundert Jahren erlegte. Am alten Pfarrhaus erinnert eine Tafel an Friedlieb Runge, den in Billwerder geborenen Entdecker von Amilin und Coffein. Vom Kirchengelände über die rückwärtig gelegenen Wiesen ist es von hier nicht weit bis zur wie die anderen Großvorhaben kontrovers diskutierten Justizvollzugsanstalt Billwerder von 2003, die im Herbst 2021 um eine Jugendstrafanstalt erweitert werden soll.

Es geht nun weiter den Deich entlang, bis wir bei der Hausnummer 96 das sogenannte Predigerwitwenhaus aus der zweiten Hälfte des 17. Jahrhunderts passieren. Danach fahren wir über die Autobahnbrücke und gleich dahinter links zur Hausnummer 72, dem Billwerder Glockenhaus von 1563. Dieses Lust- und Landhaus wurde im Stil des holländischen Barock erbaut und diente vermögenden Hamburgern als Sommersitz. Die meisten Ausbauten gehen auf den einstigen Besitzer Daniel Kern zurück, der das Gebäude 1779 erwarb. 1984 zog das Deutsche Maler- und Lackierermuseum in das in städtischem Besitz befindliche Gebäude ein, um hier die 800 Jahre alte Geschichte und die Techniken des Malerhandwerks zu zeigen (Abb. 20 + 21). Rechts vom Haus wurde ein Barockgarten angelegt.

Bei unserer Weiterfahrt fällt auf, dass sich die Wohnbebauung nun mehr und mehr mit gewerblichen Nutzungen mischt – wir durchqueren das Gewerbegebiet Billbrook, das Mitte des neunzehnten Jahrhunderts auf dem Reißbrett entstand und seit 1912 ein eigenständiger Stadtteil ist. Die Aufschüttung des Geländes zugunsten der Ansiedlung von Industriebetrieben verdrängte damals die Landwirtschaft. Wir folgen dem Deich, bis wir links in die Liebigstraße und dann wieder links in den Unteren Landweg abbiegen. Unweit des S-Bahnhofs Billwerder-Moorfleet befindet sich seit 1993 das DUSS-Terminal, der sogenannte „Huckepack-Bahnhof“, auf dem mittels dreier Kranbahnen für ganz Europa bestimmte Güter vom Lastwagen auf die Schiene verladen werden. An der nächsten Kreuzung biegen wir rechts in die Halskestraße und folgen gleich wieder links dem Straßenverlauf. Am Ende überqueren wir die Andreas-Meyer-Straße und befinden uns nun am Brennerhof in Moorfleet.

20 + 21 DEUTSCHES MALER- UND LACKIERERMUSEUM

8 MOORFLEET

Unter dem Namen Urenflet wurde dieser Stadtteil 1162 erstmals erwähnt und zählte bis ins 19. Jahrhundert zu Billwärder. Bis zum Ende des 17. Jahrhunderts wurde hier verstärkt Hopfen und Gerste für die Hamburger Bierbrauereien und später hauptsächlich Gemüse angebaut. Im Jahr 1813 ließen die französischen Besatzer nach regelmäßigen Plünderungen den westlichen Dorfteil bis zur Kirche abbrennen, um ein besseres Schussfeld zu bekommen. Ende des 19. Jahrhunderts führte die dichte Bebauung des stadtnahen Teils von Moorfleet zur Abspaltung des eigenständigen Stadtteils Rothenburgsort.

An dieser Stelle, kurz nach dem Verlassen des viel befahrenen Ring 2, steht seit 2013 das „Grüne Kompetenzzentrum für Gartenbau und Landwirtschaft Hamburg“, in das auch die Landwirtschaftskammer Hamburg integriert ist (Abb. 22).

Unsere Tour führt sofort rechts in den Sandwisch und dann links in den Moorfleeter Kirchenweg bis zur Kirche St. Nikolai (Abb. 23). Dabei kommen wir am reetgedeckten Pastorat von 1741 vorbei, wo sich bereits

22 FELDARBEIT IN DEN VIER- UND MARSCHLANDEN, 1965

23 ST. NIKOLAI, MOORFLEET, UM 1860

im 12. Jahrhundert am heutigen Standort der Kirche die ersten Siedler zum Gottesdienst versammelt haben sollen. Gestalt und Baujahr der ersten Kirche, für die Hein Baxmann 1618 Altar, Kanzel und Juratengestühl anfertigte, sind unbekannt. Nach schweren Sturmschäden wurde die heutige St. Nikolaikirche zunächst um das alte Gemäuer herum errichtet und dieses erst nach der Fertigstellung des neuen abgerissen. Erst 1885 wurde der alte Holzturm durch einen neugotischen Ziegelturm ersetzt. Im Inneren werden Besucher von einem hellen Raum mit blauer Decke und goldenen Sternen empfangen. Kanzel und Juratengestühl sind noch erhalten geblieben, der voluminöse Altar wurde 1688 von Valentin Preuß gefertigt. Im Pastoratsgarten steht ein Lutherdenkmal aus der im Krieg zerstörten Hamburger Lutherkirche. Auf dem Friedhof befindet sich das Grab des ehemaligen Pastors und Begründers der Alsterdorfer Anstalten, Heinrich Matthias Sengelmann.

BILLE-SIEDLUNG

In den 1930er Jahren wurde ein 31 Hektar großes Gebiet von der Dove-Elbe abgedeicht und mit Baggergut aufgespült. Bevor mit der Besiedlung begonnen wurde, kam noch flächendeckend eine Schlickschicht hinzu, die, wie sich später herausstellte, mit Arsen, Cadmium und Dioxinen verseucht war. Ende der 1970er Jahre wurde dann ein Kampfgift im Trinkwasser nachgewiesen, wenig später traten in den Kellern explosive Methangase aus, und nicht zuletzt mussten erhebliche Mengen Altöl abgepumpt werden – kein Wunder, dass das Bergedorfer Bezirksamt schon früh vor dem Verzehr von hier selbst angebautem Gemüse warnte. Als Bodenproben 1991 gesundheitsgefährdende Werte ergaben, kaufte die Stadt den meisten der etwa 800 Bewohnern ihre Häuser aus den 1950er Jahren ab und ließ sie abreißen. Bis 1996 fand eine grundlegende Bodensanierung statt. Auf den nördlichen Flächen befindet sich heute der Neun-Loch-Golfplatz „Red Golf“.

Wir fahren nun weiter den Moorfleeter Kirchendeich entlang, können über die Felder rechts schon die Kirchtürme Hamburgs erkennen und biegen dann links in den Moorfleeter Deich ein, der unter der Autobahn verläuft. Rechter Hand liegt der Golfplatz Redgolf. Am Tatenberger Weg biegen wir rechts ab. Wer mag, kann weiter dem Moorfleeter Deich folgen und an der Hausnummer 359 das sogenannte „Schloss Moorfleet" von 1660 bewundern. Nachdem wir auf der rechten Seite den Mühlenspielplatz mit der Nachbildung einer Feldentwässerungsmühle – ein Relikt der Internationalen Gartenschau 2013 in Wilhelmsburg – erblickt haben, sind es bis nach Tatenberg nur noch wenige Meter.

9 TATENBERG

Wir beenden unsere Rundfahrt im kleinsten Stadtteil der Vier- und Marschlande, der als „Tadekenberghe" erstmals 1315 erwähnt wurde. Auch hier erwarben vermögende Hamburger Bauernhöfe, die sie zwischen dem 15. und 17. Jahrhundert zu Landhäusern umbauten, um an der Dove-Elbe die Sommermonate zu verbringen. Bis heute werden hier traditionell Gemüse und Blumen angebaut, die über Hofläden oder an Straßenverkaufsständen auch direkt verkauft werden.

Wir fahren nun auf die Brücke, die über die Tatenberger Schleuse führt (Abb. 24). Seit 1952 regelt die 120 Meter lange und zwölf Meter breite Anlage einen tidenunabhängigen Schiffsverkehr auf der Dove-Elbe, das angebaute Siel zur Be- und Entwässerung reguliert den Wasserstand für die gesamten Vier- und Marschlande. Im Sommer schleusen die Wärter der Hamburg Port Authority oftmals bis zu zweihundert Boote pro Tag, darunter Ausflugsdampfer, Sportyachten,

24 TATENBERGER SCHLEUSE

25 TATENBERGER FÄHRHAUS, 1901

26 CAFÉ UND HOFLADEN STENDER

Kanus und Ruderboote. Hinter der Schleuse biegen wir links in den Tatenberger Deich ein. Auf der Flussseite haben sich mehrere Sportboothäfen angesiedelt. Das erste Gebäude am Hofschläger Weg 1 ist die ehemalige Volksschule Tatenberg von 1914, die wenige Jahre nach der Eröffnung der Zentralschule Ochsenwerder 1971 geschlossen wurde. Abgesehen von einer Hundeschule kann der Stadtteil mit keiner Erziehungseinrichtung dienen, es gibt weder eine allgemeinbildende Schule noch einen Kindergarten. Nachdem wir den verwunschenen Blumenladen „Deichblume" (Tatenberger Deich 169) im Hof eines Reetdachhauses von 1685 passiert haben, kommen wir auf der linken Straßenseite am Tatenberger Fährhaus vorbei, das 1978 abbrannte, neu gebaut wurde und bis heute in vierter Generation von derselben Familie bewirtschaftet wird (Abb. 25). Bis 1882 eine Ständerbrücke errichtet wurde, setzte man hier viele Jahre mit einer Handfähre nach Moorfleet über. Am Tatenberger Deich 154 bietet einer der größten Hofläden der Region nicht nur Blumen, Obst, Gemüse und andere Lebensmittel an, sondern die Betreiberfamilie Stender lädt auch in ihr bei Ausflüglern beliebtes Café ein (Abb. 26). Wir folgen nun dem Deich. Auch wenn es in Tatenberg nur knapp 160 Wohnhäuser gibt, steigt die Bevölkerungszahl in den Sommermonaten sprunghaft an. Grund dafür ist Deutschlands größter zusammenhängender Kleingartenpark, in dem sich zwischen Hofschläger Weg und der Tatenberger Bucht mehr als 1200 Wochenendhäuser auf ehemaligen Feldern aneinanderreihen. Als in den

1960er Jahren die Großsiedlungen Steilshoop und die City Nord gebaut wurden, mussten dem Landesbund der Gartenfreunde als Ausgleich mehr als 10 000 Parzellen bereitgestellt werden.

Nach mehreren Windungen weitet sich die Dove-Elbe zu einer Bucht, in der sich unter anderem die Startanlage des zwei Kilometer entfernten Wassersportzentrums befindet. Das sanfte Gewässer wird wegen der ruhigen Atmosphäre auch „Rentner-" oder – aus unbekannten Gründen – „Schweinebucht" genannt. Auf der großen Wiese davor lässt sich unser Ausflugstag jedenfalls gut und, wenn es die Jahreszeit erlaubt, mit einem Bad beenden. Geübte Schwimmer schaffen es vielleicht sogar bis zu den „Liebesinseln".

CAFÉS / RESTAURANTS

Alt Lohbrügger Hof
Leuschnerstraße 76
www.altlohbrueggerhof.de
➜ *Vier-Sterne-Stadthotel im Landhausstil*

Casareccio
Lohbrügger Markt 1
➜ *Italiener mit großem Herz*

Deichmamsell
Billwerder Billdeich 256
www.deichmamsell.de
➜ *Kaffee, Kuchen, Snacks, Events im historischen Hufnerhaus*

Restaurant Dorfkrug
Boberger Furtweg 1
www.dorfkrug-boberg.de
➜ *regionale Fleisch-, Fisch- und vegetarische Gerichte*

Das Treibhaus
Reinbeker Redder 53
www.das-treibhaus.de
➜ *internationale Küche – Brunch – Events*

Rindocks
Lohbrügger Landstraße 119
www.rindocks.de
➜ *Steaks, Seafood, Brunch im historischen Gasthof*

Tatenberger Fährhaus
Tatenberger Deich 162
www.faehrhaus-tatenberg.de
➜ *regionale Speisen im Traditionshaus*

LÄDEN

Blumenhof Kehr
Reinbeker Redder 55
www.blumenhof-kehr.de
➜ *innovative Floristik für alle Gelegenheiten*

Deichblume
Tatenberger Deich 169
www.deichblume-hamburg.de
➜ *liebevolle Blumenarrangements*

Hof Neun Linden
Billwerder Billdeich 480
www.hof-neun-linden.de
➜ *regionaler Bioladen und Hofcafé*

Hofladen Stender
Tatenberger Deich 154
www.hofladen-stender.de
➜ *familiärer Hofladen und Ausflugscafé*

Kulturantiquariat
Alte Holstenstraße 23-25
www.druckwaren.net
➜ *Bücher, Musik, Filme, Spiele*

Lederer's Manufaktur
Billwerder Billdeich 36 A
www.lederers-manufaktur.de
➜ *edler Beizlachs, Mittagstisch, Catering*

HOTELS

Hotel Heckkaten
Kurt-A.-Körber-Chaussee 114
www.hotelheckkaten.de
→ *Übernachten im historischen Gasthof von 1578*

Weinhaus an der Bergstraße
Am Langberg 104
www.weinhaus-boberg.com
→ *moderne Ferienappartements und edle Weine*

FREIZEIT / SPORT

Boberger Reitverein
Billwerder Billdeich 256
www.boberger-reitverein.de
→ *Reiten für Groß und Klein in zwei Hallen mit Außengelände*

HAC Boberg
Weidemoor 21
www.hac-boberg.de
→ *Segelflug im Team erleben*

Red Golf Moorfleet
Vorlandring 16
www.redgolf.de
→ *Neun-Loch-Platz (Par 68) mit Driving Range und Flutlicht*

Tanzschule Dance your Life
Osterrade 112
www.tanzschule-bergedorf.com
→ *Paartanz, Kindertanz, Zumba, Videoclip-Dancing*

KULTUR

Deutsches Maler- und Lackierermuseum
Billwerder Billdeich 72
www.malermuseum.de
→ *Geschichte des Malerhandwerks*

Hansa-Filmstudio
Alte Holstenstraße 17–19
www.bergedorf-kino.de
→ *Stadtteilkino mit drei Sälen*

Kinderkulturhaus KIKU
Lohbrügger Markt 5
www.kiku-hh.de
→ *Kulturelle Bildung – Sprachförderung – Integration für Kinder*

LOLA Kulturzentrum
Lohbrügger Landstraße 8
www.lola-hh.de
→ *Kulturtreffpunkt, Bar, Tanzabende, Events*

SOZIALES / NON-PROFIT

Bergedorfer für Völkerverständigung
Leuschnerstraße 86 (Haus Brügge)
www.fluechtlingshilfe-bergedorf.de
→ *Hilfe für Geflüchtete in Bergedorf*

Boberger Dünenhaus
Boberger Furt 50
www.loki-schmidt-stiftung.de/info-haeuser/boberger_niederung
→ *Naturpädagogik in den Boberger Dünen*

- Bargholz, Christina, Von Handwerkern und Grünhökern in den Marschlanden, Husum 2010.
- Barghorn-Schmidt, Oliver, Vom Städtchen zur Stadt. Bergedorfs Weg ins 20. Jahrhundert. Schlossheft Nr. 2, hrsg. vom Museum für Bergedorf und die Vierlande, Bergedorf 1997.
- Bergedorf, 850 Jahre Bergedorf. Wo Hamburg am schönsten ist, hrsg. von der Bergedorfer Zeitung 2012.
- Bergedorfer Zeitung, Jubiläumsausgaben von 1974 und 1999.
- Bezirk Bergedorf, Informationen, Bezirksamt Bergedorf 2019/2020.
- Billwerder lebt, 1395–1995 (vor 600 Jahren fiel der Billwärder an Hamburg), Dorfgemeinschaft Billwärder an der Bille e.V., Hamburg-Bergedorf 1995.
- Dahms, Geerd, Bergedorf. Altes neu entdeckt, Hamburg 2003.
- Das Alte Bergedorf in Farbe, 1950–1970, hrsg. vom Kultur- und Geschichtskontor, Hamburg 2013.
- Die Erlöserkirche in Hamburg-Lohbrügge. Ein evangelisch-lutherischer Kirchenbau des ausgehenden 19. Jahrhunderts, hrsg. von der Kulturbehörde, Denkmalschutzamt, Hamburg 1999.
- Eggers, Georg, Die Vierländer Ohe und der Hof Eggers. Entstehung, Geschichte und Entwicklung einer alten Kulturlandschaft, hrsg. vom Freundeskreis Hof Eggers e.V., Hamburg 2000.
- Grosch, Hannelore/Sperber, Achim, Bergedorf, Lohbrügge, Vier- und Marschlande, Hamburg 1993.
- Hamburger Sternwarte. Geschichte und Erhaltung, Förderverein Hamburger Sternwarte e.V., Band 1, Hamburg 2001.
- Handel und Wandel im Sachsentor, Die Geschichte einer Bergedorfer Straße. Schlossheft Nr. 6, hrsg. vom Museum für Bergedorf und die Vierlande 1999.
- 850 Jahre Bergedorf. Eine Stadtgeschichte, hrsg. vom Kultur- und Geschichtskontor, Hamburg 2012.
- Heise, Ulla/Rosse, Joachim, Hamburger Landpartien, Leipzig 2003.
- Hoffmann, Gerd/Hoeft, Bruno, Bergedorf bei Hamburg. Berichte und Zeugnisse zur Stadtteilgeschichte, Bergedorf 1986.
- Hoffmann, Gerd/Hoeft, Bruno, Bergedorfer Bürger erzählen Geschichte, Hamburg 1987.
- Hoffmann, Gerd, „Schönes Bergedorf", Hamburg 1992.
- Hoffmann, Gerd, Bergedorf bei Hamburg, Eine reichillustrierte Stadtteilgeschichte, 2., erweiterte Neuauflage, Hamburg 1994.
- Hoffmann, Gerd, Ludwig Uphoffs Bergedorf, Geschichten aus der Geschichte eines Hamburger Stadtteils, Erfurt 2009.
- Hoffmann Gerd/Lindemann, Konrad, Kirchen in Stadt und Land. Die hamburgischen Kirchen in Bergedorf, Vier- und Marschlande und Geesthacht, Hamburg 1990.
- Johann Adolf Hasse. Eine biographische Skizze, Bergedorf Porträt 4/89, Museum für Hamburgische Geschichte.
- Lichtwark-Hefte Nr. 65/66/68/69/76.
- Lichtwark 2018. Das Bergedorfer Magazin für Geschichte, Kultur und Gesellschaft, Hamburg 2018.
- Lohbrügge, Die Geschichte eines Hamburger Stadtteils, Bände 1–3: Alles wird anders, Kultur- und Geschichtskontor, Hamburg 1999/2000/2002.
- Matthes, Olaf/Metzger, Bardo (Hg.), Bergedorfer Personenlexikon, Hamburg 2003.

- Matthes, Olaf/Steigleder, Otto, Von der Villa zum Verwaltungszentrum. 75 Jahre Rathaus Bergedorf, Hamburg-Bergedorf 2002.
- Matthes, Olaf, Hamburg-Bergedorf in den Fotografien von Egon Klebe, Erfurt 2010.
- Nettelnburg. Ritter – Bauern – Siedler, Kultur- & Geschichtskontor, Hamburg 2004.
- Oldenburg, Christel, Holz für Bergedorf. 175 Jahre Firma Behr, Bergedorf 1995.
- Oldenburg, Christel, Bergedorf – eine Hafenstadt. Streiflichter zur Geschichte des Bergedorfer Hafens, Bergedorf 2002.
- Opravil, Jürgen, Die Bergedorf Geesthachter-Eisenbahn, Schwarzenbek 1978.
- Overlack, Victoria (Hg.), Das Bergedorfer Schloss. Een sloten Huß. Entstehung – Funktionen – Baugeschichte, Stiftung Historische Museen Hamburg 2008.
- Petzhold, Stefan, Juden in Bergedorf: Die nationalsozialistische Verfolgung 1933–1945, Schlossheft Nr. 8, Museum für Bergedorf und die Vierlande 1999.
- Reitbrook. Ein Hamburger Dorf, hrsg. vom Kultur- und Geschichtskontor, Hamburg 2018.
- Richert, Harald, Zwischen Bille und Elbe. Stadtteillexikon des Bezirks Bergedorf, Bergedorf 1987.
- Richert, Harald, So war es in Bergedorf*Lohbrügge*Vierlanden. Heiteres und Ernstes aus der Kulturgeschichte, Hamburg 1986.
- Schöttke, Gerhard, Bergedorfer Alltag, Hamburg 1980.
- Schmal, Helga, Denkmaltopographie Bundesrepublik Deutschland, Hamburg-Inventar: Bezirk Bergedorf, Stadtteilreihe 6.1, Vier- und Marschlande, Hamburg 1986.
- Schreiber, Hermann, Kapitalist mit Gemeinsinn. Ein Essay über Kurt A. Körber, Hamburg 2009.
- Seemann, Agnes, Bergedorf. Lohbrügge, Hamburg 1997.
- Sparr, Ulrike/Eggert, Björn, Stolpersteine in Hamburg, Biographische Spurensuche, hrsg. von der Landeszentrale für politische Bildung, Hamburg 2011.
- Vierlande, Kulturgeschichte zwischen Elbe und Bille, Bände 1–3, Kultur- und Geschichtskontor, Hamburg 2007/2008/2010.
- Vier- und Marschlande. Die Hamburger Region Vier- & Marschlande stellt sich vor …, 01/2014.
- Vollstädt, Simone, Das Kirchspiel Ochsenwerder – Ochsenwerder, Tatenberg, Spadenland, Moorwerder – von den Anfängen bis zur Gegenwart, hrsg. vom Heimatring Ochsenwerder, Bergedorf 1995.
- Wasser für Sande, 80 Jahre Wasserturm und Wasserversorgung in Lohbrügge-Sande, hrsg. vom Arbeitskreis Stadtarchiv der Initiative zur Erhaltung historischer Bauten in Bergedorf e.V., Hamburg 1987.
- Wo sind wir? Wie Hamburg zu einer Sternwarte kam. Museum für Bergedorf und die Vierlande, Hamburg 2009.
- Wobbe, Rolf, Chronik der Vierländer Eisenbahn, Hamburg 1984.
- Zapf, Michael/Matthes, Olaf, Bergedorfs schönste Seiten, Hamburg 2011.

Im Internet

- www.bergedorf-chronik.de
- https://blogs.sub.uni-hamburg.de/bergedorf/

Einleitung Bergedorfer Museumslandschaft: Frese-Karte

Vom Bahnhof zum Eiskeller H.-J. Bausewein: Abb. 31, 33; Bäderland Hamburg: Abb. 27, Bergedorfer Museumslandschaft: Abb 1, 2, 7, 11, 13, 16, 18, 19, 20, 22, 28, 32; A. Güldner: Abb. 30; V. Hochmuth: Abb. 9, 10, 15, 23 HypoVereinsbank: Abb. 12; W. Meyns: Abb. 8; H. Papke: Abb. 5; S. Schopmeyer: Abb. 4, 14, 24, Exkurs „Bergedorfer Baugenossenschaft"; Staats- und Universitätsbibliothek Hamburg: Abb. 3, 6, 17, 21, 26; C. Timmann: Abb. 25; M. Willhoeft: Abb. 29

Vom Kupferhof ins Sachsentor Ando Yoo Landschaftsarchitektur: Abb. 3; Archiv Bergedorfer Zeitung: Abb. 2, 27, Exkurs „Durchbruchstraße 2" oben; Archiv S. Marquardt: Abb. 10; Bergedorfer Museumslandschaft: Abb. 1, 4, 29; Bäckerei Erdmann: Abb. 15,16; R. Hartmann: Abb. 5, 12, 25, 28, 32, 36, 37, 39; Familie von Have: Abb. 34, 35; V. Hochmuth: Abb. 7, 20, 21; Kirchengemeinde St. Petri und Pauli: Abb. 9; H. Rödinger: Abb. 17, 18, 19; Sammlung Klebe/Bergedorfer Museumslandschaft: Abb. 14, 24, 26, 31, 38; Silke Schopmeyer: Abb. 6; Staats- und Universitätsbibliothek Hamburg: Abb. 8, 11, Exkurs „Prinz Wilhelm", 13, 33, Exkurs „Blickgraben"; E. Timm: Abb. 22, 23; TSG Bergedorf: Abb. 40,41; H. Willers: Abb. 20, Exkurs „Durchbruchstraße 2" Mitte u. unten; M. Willhoeft: Abb. 30

Leute aus Bergedorf Bergedorfer Museumslandschaft: Ida Boy-Ed, Helmut Schmidt; E. Bieber/ Bildarchiv Austria: Friedrich Chrysander; Girija Harland (privat): Girija Harland; Jög Pilawa (privat): Jörg Pilawa

Vom alten Bahnhof ins Villenviertel Archiv Bergedorfer Zeitung: Abb. 2; Archiv Marks: Abb. 9; Bergedorfer Museumslandschaft: Abb. 13, 14, 16, Exkurs "Henning Ernst", 20; A. Derndinger: Abb. 22; HAMBURG WASSER/Krafft Angerer: Abb. 34; R. Hartmann: Abb. 1, 6, 12, 15, 17, 18, 21, 31, 33; Familie von Have: Abb. 4; Polizei Hamburg: Abb. 24; Rudolf-Steiner-Schulverein Bergedorf e.V.: Abb. 10, 11; S. Schopmeyer: Abb. 23; Staats- und Universitätsbibliothek Hamburg: Abb. 3, 25, 26, 28, 29, 30, 32; C. Wenzel: Abb. 27; H. Willers: Abb. 5, 7; M. Willhoeft: Abb. 8

Vom alten Südbahnhof in die Vierlande Archiv Timmann: Abb. 16; Archiv Wulff: Abb. 5, 6, 10, 12, 15; H. Beeken: Abb. 18; Th. Dreetz: Abb. 11; Gemeinschaft Vier- und Marschlande: Abb. 21; I. Groschek: Abb. 14; N. Grützmacher: Exkurs „Intarsien"; Masset-Album: Abb. 13; I. Pacini: Abb. 3; U. Schmidt: Abb. 9; S. Schopmeyer: Abb. 19; Staats- und Universitätsbibliothek Hamburg: Exkurs „Vierländer Tracht", Abb. 7, 20; A. Strunge: Abb. 22; S. Timmann: Abb. 17; R. Wobbe: Abb. 1, 2, 8; Zollenspieker Fährhaus: Abb. 23, 24

Leute aus den Vier- und Marschlanden Auge Altona: Deichkind; K. Gerst: Werner Hackmann; Sammlung Klebe/Bergedorfer Museumslandschaft: Hans Förster; Staats- und Universitätsbibliothek Hamburg: Alfred Lichtwark

Vom Schiffwasser bis nach Spadenland Archiv Bergedorfer Zeitung: Abb. 4, 5, 6; Archiv Wulff: Abb. 10; S. Bosselmann: Abb. 21, 22; T. Dove: Abb. 19; H.-P. Grage: Abb. 9; R. Hartmann: Abb. 2, 13, 14, 29; Heimatring Ochsenwerder: Abb. 28, 30; V. Hochmuth: Exkurs „Störche", MGF Architekten GmbH: Abb. 3; Familie Meyer: Abb. 31; T. Miske: Abb. 25; A. Ortz: Abb. 16, 17, 18; Overwerder Strandverein: Abb. 27; Sammlung Klebe/Bergedorfer Museumslandschaft:

Abb. 7; Sammlung Simone Vollstädt: Abb. 11, 23, 24; S. Schopmeyer: Abb. 12; U. Soesters: Abb. 26; Staats- und Universitätsbibliothek Hamburg: Abb. 1; Wasserverband Nettelnburg: Abb. 8; A. Wiermann: Abb. 20; M. Witt: Abb. 15;

Von Lohbrügge nach Tatenberg Archiv Bergedorfer Zeitung: Abb. 3; J. Bentin: Abb. 12; Bergedorfer Museumslandschaft: Abb. 4; Billwerder Malermuseum: ABB. 20,21; Boberger Reitverein e.V.: Abb. 18; Hamburger Aero-Club Boberg e.V.: Abb. 16; R. Hartmann: Abb. 1, 2, 6, 9, 13, 14, 15; V. Hochmuth: Abb. 5; S. Kaufmann: Abb. 10; Loki Schmidt Stiftung : Abb. 17; M. Ostendorf: Abb. 23; Sammlung Klebe/Bergedorfer Museumslandschaft: Abb. 7, 8, 11, 22; Sammlung Simone Vollstädt: Abb. 25; S. Schopmeyer: Abb. 24; Claudia Suhr: Abb. 19; A. Stender: Abb. 26

SILKE SCHOPMEYER (*1970) schreibt seit mehreren Jahren Deichkrimis, die in den Vier- und Marschlanden spielen. Ihre jüngeren Leserinnen und Leser können mit „Pepita" ein „Inselabenteuer" auf Neuwerk erleben. Neben dem Schreiben unterrichtet die freie Sprachdozentin Italienisch und Französisch. Die gebürtige Bergedorferin, die mehrere Jahre durch Europa gereist und schließlich in die Heimat zurückgekehrt ist, hat in den letzten Jahren viel Zeit mit der Recherche vor Ort verbracht, um ihr Wissen in Form dieses Stadtteilführers weitergeben zu können. Weitere Infos unter: www.silkeschopmeyer.de